Vegetarisch
durchs ganze Jahr

Fleischlos glücklich mit Genussrezepten
von einfach bis ganz besonders

Text	Fotos
Anne-Katrin Weber	Wolfgang Schardt

Titelbild

Die auf dem Titel abgebildete »Grüne Spargeltarte« (links) finden Sie auf Seite 37, das »Thai-Curry mit Shiitake und Kürbis« (rechts) auf Seite 79.

Fleischlos glücklich

Freuen Sie sich! Die vegetarische Küche ist gesund, vielseitig und genussreich.

Es gibt **viele gute Gründe für eine vegetarische Lebensweise:** ethische und tierrechtliche, religiöse, ökologische, gesundheitliche und natürlich auch geschmackliche.

Egal, aus welcher Motivation heraus Sie die fleischlose Küche bevorzugen – Sie können sich so auf alle Fälle genussvoll, gesund und abwechslungsreich ernähren.

Vegetarier ist nicht gleich Vegetarier! Die meisten Menschen, die auf Fleisch verzichten, sind **Ovo-Lacto-Vegetarier.** Sie beziehen Milchprodukte und Eier mit in ihren täglichen Speiseplan ein. Die sogenannten **Lacto-Vegetarier** schließen Eier aus, während die **Ovo-Vegetarier** Milchprodukte ablehnen. **Veganer** meiden grundsätzlich alle Lebensmittel tierischen Ursprungs.

In diesem Buch finden Sie neben veganen Spezialitäten vor allem vegetarische Rezepte, in denen **Eier und Milchprodukte** verwendet werden. Dafür gibt es mehrere Argumente: Pflanzliche Lebensmittel enthalten viele gesunde Nährstoffe, aber nicht so hochwertiges Eiweiß wie tierische Nahrung. Sie besitzen generell weniger essentielle, also lebensnotwendige Aminosäuren, als im tierischen Eiweiß vorhanden ist. Milch, Milchprodukte und Eier ergänzen die rein pflanzliche Kost aufs Beste, sodass der Körper **ausgewogen** mit allen Nährstoffen versorgt wird. Sie können statt Milch auch Sojaprodukte verwenden. Am besten kombinieren Sie in einer Mahlzeit **Kartoffeln, Getreide oder Hülsenfrüchte mit Milchprodukten, Ei, Nüssen und Samen!** Dann müssen Sie sich auch keine Sorgen machen, an den »kritischen« Nährstoffen wie Vitamin B_{12} oder Eisen unterversorgt zu sein. Getreide und Hülsenfrüchte liefern darüber hinaus auch reichlich wertvolle **Ballaststoffe.**

Einfach gesund! Wer sich abwechslungsreich fleischlos ernährt, kommt den **Nährstoffempfehlungen** der Deutschen Gesellschaft für Ernährung (DGE) näher als Nichtvegetarier, die häufig zu viel Eiweiß aufnehmen. Zahlreiche Studien belegen, dass Vegetarier seltener an **ernährungsabhängigen Krankheiten** wie etwa Arteriosklerose oder Altersdiabetes erkranken.

Auch wer sein **Gewicht** halten oder reduzieren möchte, hat es mit vegetarischer Küche einfacher. Denn sie ist genussreich, aber in der Regel kalorienärmer als eine nicht-vegetarische Ernährungsweise.

Richten Sie sich bei der Auswahl an Gemüse nach dem **saisonalen Angebot.** Greifen Sie vermehrt zu **Bio-Produkten,** am besten aus Ihrer Umgebung. So unterstützen Sie die regionalen Bauern und nehmen weniger Schadstoffe auf.

Und der wichtigste Grund zum Schluss: **Vegetarische Gerichte sind einfach köstlich!**

Von A(rtischocke) bis Z(uckerschote)

1 | Artischocken

Die distelähnlichen Artischocken schmecken feinherb bis leicht bitter und harmonieren mit Mittelmeerkräutern und Knoblauch. Ihr Bitterstoff Cynarin ist appetitanregend und verdauungsfördernd. Neben den großen Artischocken – meist aus Frankreich – gibt es im Frühling und Sommer kleinere aus Italien.

2 | Fenchel

Die weißen Knollen haben ein süßlich-würziges, kräftiges Aroma, das bei rohem Fenchel am besten zur Geltung kommt. Sie schmecken jedoch auch sehr gut gedünstet, gedämpft oder in Kombination mit weiteren Gemüsesorten. Fenchelsamen geben Speisen eine anisartige Note und wirken auf den Verdauungstrakt beruhigend.

3 | Mairübchen

Die in Frankreich sehr beliebten »navets« tauchen nun auch bei uns häufiger auf. Sie haben ein zartes, leicht süßlich-bitteres Aroma und viele wertvolle Nährstoffe. Sie schmecken gut als Salat oder auch ganz kurz gedünstet oder gedämpft.

4 | Pastinaken

Die gesunden Wurzeln wurden in den letzten Jahren vor allem durch den Bioanbau wiederentdeckt. Mit ihrem hohen Stärkegehalt eignen sie sich besonders gut für Suppen und Pürees. In Geschmack und Konsistenz erinnern sie an Möhren und Kartoffeln.

5 | Petersilienwurzeln

Die weißlichen, frostharten Wurzeln wurden lange in unserer Küche vernachlässigt. Zu Unrecht, besitzen sie doch ein feines, süßlich-würziges Aroma. Petersilienwurzeln eignen sich bestens für Eintöpfe und cremige Suppen, schmecken aber auch sehr gut roh geraffelt als winterliche Frischkost.

6 | Rote Bete

Die leuchtend roten Knollen mit den vielen Namen (u. a. Rote Rübe, Rande, Rahne) zählen aufgrund ihres hohen Vitamin- und Mineralstoffgehaltes zu den besonders gesunden Gemüsesorten. Rote Beten schmecken roh oder gekocht. Selbst die Blätter können gedünstet oder gedämpft als Gemüse zubereitet werden.

7 | Spinat

Je nach Erntezeit unterscheidet man mild-aromatischen Frühlings- und Sommerspinat vom kräftiger schmeckenden Herbst- bzw. Winterspinat. Die zarten Frühlings- und Sommerblättchen eignen sich gut für Salat. Der langstielige, robuste Winterspinat wird dagegen immer gekocht. Ziehen Sie Freiland-Spinat Gewächshaus-Ware vor, er enthält weniger Nitrat.

8 | Süßkartoffeln

Sie heißen auch Bataten. Die orangefarbigen Knollen schmecken süßlich und sind so vielseitig wie Kartoffeln: Probieren Sie sie gebraten, aus dem Ofen, in Suppen oder knusprig frittiert. Bataten werden in vielen wärmeren Ländern das ganze Jahr über angebaut.

9 | Zuckerschoten

Die auch Kaiserschoten oder Kefen genannten grünen Erbsenschoten werden geerntet, bevor die Samen ausgewachsen sind. So können sie mit Hülse gegessen werden. Zuckerschoten schmecken süßlich und am besten, wenn Sie sie nur kurz kochen, braten oder dünsten.

Einfach unerlässlich!

Gute Eiweißquellen für alle, die auf Fleisch verzichten wollen.

Milch ist unsere wichtigste Kalziumquelle. Sie enthält im Milcheiweiß sämtliche essentiellen Aminosäuren, das Milchfett ist im Allgemeinen gut verträglich. Aus der Milch von Kühen, Ziegen und Schafen werden die verschiedensten **Käsesorten** hergestellt, die die vegetarische Küche auf gesunde und vielseitige Art bereichern.

Kontrollierter Zusatz von Milchsäurebakterien verwandelt Kuhmilch in Dickmilch, Buttermilch, saure Sahne, Kefir oder Joghurt. Zu den **Sauermilchprodukten** zählen auch die modernen probiotischen Milchprodukte, denen Acidophilusbakterien zugesetzt wurden. Sie sollen eine positive Wirkung auf Darm und Verdauung haben und das Immunsystem stärken. Ihre Wirkung ist aber umstritten. Sauermilcherzeugnisse werden häufig bei Laktose-Intoleranz vertragen, einen Versuch ist es jedenfalls wert. Die gesäuerten Milchprodukte regen den Stoffwechsel an, werden im Darm leicht aufgenommen und besitzen eine gute Magenverträglichkeit.

Wer ganz auf Milch und Milchprodukte verzichten möchte oder muss, findet eine große Anzahl an **Produkten aus Sojamilch** in vielen Supermärkten. Die rein pflanzlichen Produkte werden aus Sojabohnen hergestellt. Sie sind reich an Eiweiß und wertvollen Pflanzenstoffen und enthalten weder Laktose noch Cholesterin. Meist wird ihnen Kalzium zugesetzt. Als Pendant zur Kuhmilch bekommen Sie im Handel Sojadrinks. Zum Kochen eignen sich **Soja-Crème-fraîche** oder **Sojasahne.** Doch Achtung: Nicht jeder verträgt die an und für sich sehr gesunden Sojaprodukte. Einige Menschen entwickeln Allergien gegen das Sojaeiweiß. Für sie kann Hafermilch aus dem Bioladen eine Alternative sein.

Ebenfalls aus Soja hergestellt wird **Tofu,** der auch als Sojaquark bezeichnet wird. Er ist aus der asiatischen Küche nicht wegzudenken und ist eine wertvolle Proteinquelle für Vegetarier. Tofu natur schmeckt neutral, nimmt jedoch Aromen leicht an und kann daher vielfältig und immer wieder neu gewürzt werden. Kräftigere Aromen von mild bis pikant bieten eingelegte oder geräucherte Sorten. Tofu erhalten Sie im Asienladen, im Bioladen oder Reformhaus oder auch im Kühlregal des Supermarktes.

Ebenfalls eine wichtige Eiweißquelle für Vegetarier sind **Eier.** Neben ihrem hohen Eiweißgehalt bieten sie auch reichlich Mineralstoffe und Vitamine. Greifen Sie beim Kauf möglichst zu Eiern aus Biobetrieben oder Freilandhaltung!

Nüsse, Kerne und Samen sind ernährungsphysiologisch sehr wertvoll, bringen sie doch eine Vielzahl an Vitaminen, darunter das wichtige Vitamin E, sowie zahlreiche Mineralstoffe mit. Trotz ihres hohen Fettanteils tun sie unserer Gesundheit gut. Denn sie sind reich an mehrfach ungesättigten Fettsäuren und senken nachweislich den Cholesterinspiegel im Blut. Walnuss, Mandel, Sesam & Co. schmecken aber auch einfach unglaublich gut und sorgen im Essen für knusprigen Biss.

Getreide und Hülsenfrüchte

1 | Couscous

»Couscous« heißt der zu Kügelchen gerollte Weizengrieß und auch das fertige, aus der nordafrikanischen Küche stammende Gericht. Am schnellsten geht die Zubereitung mit Instant-Couscous. Lassen Sie ihn einfach 15–20 Min. in Wasser quellen, bevor Sie ihn verwenden. Traditionell wird Couscous über Wasserdampf gegart.

2 | Dinkel

Dinkel, die Urform des Weizens, hat durch den ökologischen Landbau in den letzten Jahren starken Aufwind bekommen. Das gesunde Getreide enthält viel Eiweiß sowie Ballaststoffe und Vitamine. Viele Weizen-Allergiker vertragen es gut.

3 | Bulgur

Die – wie auch Couscous – aus Hartweizen hergestellte Weizengrütze hat ihre Heimat im Vorderen Orient. Bulgur ist etwas grobkörniger als Couscous und wird vor allem für Taboulé verwendet, den traditionellen Petersilien-Salat. Bulgur in Salzwasser 6–8 Min. kochen, 10 Min. ausquellen lassen und abgießen.

4 | Graupen

Die geschälten, polierten Weizen- oder Gerstenkörner werden oft in Eintöpfen gekocht. Sie können sie aber auch anstelle von Rundkornreis wie ein Risotto zubereiten. Ein Rezept dazu finden Sie auf Seite 85.

5 | Polenta

Vor allem in Norditalien ist der gelbe Maisgrieß beliebt. Dort wird Polenta traditionell 1 Std. in Salzwasser gekocht und dabei pausenlos gerührt – und bitte immer nur in eine Richtung! Einfacher und schneller geht's heute mit Instant-Maisgrieß, der in 5–10 Min. fertig ist. Mit etwas Butter oder geriebenem Parmesan verfeinert, ist Polentabrei eine fix gekochte Beilage. Grundrezept für Polentaschnitten auf Seite 15.

6 | Kichererbsen

… gibt es getrocknet oder vorgekocht in Dosen. Getrocknete weichen Sie über Nacht ein. So quellen sie lang genug. Dosenware in einem Sieb abwaschen. Die leicht nussig schmeckenden Kichererbsen eignen sich für ein cremiges orientalisches Püree ebenso wie für deftige Suppen.

7 | Rote Linsen

Die leuchtend roten Linsen sind in nur 15 Min. gar. So eignen sie sich für alle Gerichte, die sämig werden sollen. Die Lieblinge der indischen Küche schmecken am besten in Kombination mit Gewürzen ihrer Heimat: mit Kreuzkümmel, Ingwer, Kurkuma (Gelbwurz) und Koriander.

8 | Grüne Puy-Linsen

Sehr fein im Geschmack und ebenfalls im Nu gekocht sind die kleinen grünen Gourmet-Linsen aus Frankreich. Oft sind sie in Bio-Qualität zu finden. Puy-Linsen sind in 12–15 Min. gar. Sie verlieren beim Kochen zwar etwas ihre grüne Farbe, das schmälert aber keineswegs ihren Genuss! Ihr Aroma kommt am besten als Salat in einer feinen Vinaigrette zur Geltung.

9 | Schälerbsen

Ob grün oder gelb – bei diesen Hülsenfrüchten ist die harte Schale schon entfernt. Sie werden beim Kochen ganz weich und eignen sich gut für sämige Suppen. Im Supermarkt, Asien- und Bioladen gibt es ganze und halbierte Schälerbsen.

Lauter Lieblingsaromen

Von chilischarf bis zitrusfrisch: Aromatische Kräuter und Gewürze
machen die vegetarische Küche schön abwechslungsreich!

Die Scharfmacher Sie lieben es scharf? Dann haben Sie eine Vielzahl an Schärfungsmitteln zur Wahl. Bei **Chilischoten** gilt: je kleiner, desto feuriger. Wer's milder mag, entfernt die Samen aus den Schoten. In ihnen steckt die meiste Schärfe. Am besten mit Einmal-Handschuhen arbeiten! Die Schärfe bleibt an den Fingern haften. Aus Chilischoten hergestellt werden Würzsaucen wie **Sambal oelek, Tabasco** und asiatische **Chilisaucen,** die es von süßlich bis höllisch scharf gibt. Auch der rote **Cayennepfeffer** und diverse **Pfeffersorten** wie der rötliche Szechuanpfeffer, grüner Pfeffer, Langpfeffer und Kubebenpfeffer bringen Pep ans Essen.

Die Exoten Exotische Aromen liefern **Gewürze** wie Kreuzkümmel (Cumin) und Koriander. Am besten im Ganzen kaufen und bei Bedarf frisch mörsern! So liefern sie das meiste Aroma. **Currypasten** (im Glas oder Vakuum-Päckchen) aus dem Asienladen oder Asienregal im Supermarkt gibt es in Rot, Gelb und Grün und in verschiedenen Schärfegraden. Für vegetarische Gerichte eignet sich gelbe Currypaste gut. Für die **gelbe Färbung** sind Gelbwurz (Kurkuma) und Safran zuständig, die vor allem toll mit Reisgerichten harmonieren. Die für die Asiaküche unersetzliche **Sojasauce** gibt es mittlerweile auch salzarm. Dunkle Sojasauce ist ideal für Wokgerichte, helle schmeckt weitaus milder. Frischer **Ingwer** gibt asiatischen Gerichten den richtigen Touch. Kaufen Sie nur pralle, saftige Knollen! Im Kühlschrank bleiben sie 2–3 Wochen frisch.

Die Zitrusfrischen Mit **Limetten** und **Zitronen** sowie **Limettenblättern** und **Zitronengras** aus dem Asienladen bringen Sie frische Zitrusaromen ans Essen. Wenn Sie auch die Schale von Zitrone, Limette oder Orange benutzen wollen, verwenden Sie ausschließlich Bio-Früchte. Zitrusfrische Kräuter gesucht? **Melisse** und **Zitronenverbene** schmecken toll in Salaten und Desserts.

Die Kräuter Frische Aufsteiger sorgen für weit mehr als ein bisschen Grün auf dem Teller: Mit den beliebten **mediterranen Kräutern** wie Basilikum, Salbei, Oregano und Rosmarin zaubern Sie Mittelmeer-Aroma ans Essen. **Einheimische Kräuter** wie Petersilie und Schnittlauch geben kräftige Würze. Sie erhalten sie das ganze Jahr. Kerbel, Dill, Estragon und der trendige Bärlauch sind die ersten **zarten Frühjahrsboten.** Einen Schuss Exotik bringen **asiatische Kräuter** wie Thai-Basilikum, Minze und Koriander ans vegetarische Essen.

Zwiebel, Knoblauch & Co. **Zwiebeln** sind einfach unerlässlich! Neben der gewöhnlichen braunen Zwiebel gibt es die mildere weiße, die dekorative rote und die große, milde Gemüsezwiebel. Für die feine Küche eignen sich am besten die mild-aromatischen **Schalotten.** **Knoblauch** ist sowohl aus der asiatischen als auch aus der mediterranen Küche nicht wegzudenken. Greifen Sie im Frühjahr unbedingt einmal zu frischem Knoblauch mit seinem mild-süßlichen Geschmack!

Hirsotto

leichte Getreideküche

Für 4 Portionen **800 ml Gemüsebrühe** (Instant) erhitzen. **1 kleine Zwiebel** schälen, klein würfeln und in **1 EL Öl** in einem Topf glasig braten. **200 g Hirse** in einem Sieb gründlich abwaschen und gut abtropfen lassen. Hirse zu der Zwiebel in den Topf geben und mit einer Suppenkelle Gemüsebrühe ablöschen. Alles sanft kochen lassen, dabei jeweils immer wieder eine Kelle Gemüsebrühe nachgießen, wenn die Hirsekörner die Flüssigkeit aufgenommen haben. Zum Schluss Hirsotto mit **Salz, Pfeffer** und **1 Prise frisch geriebener Muskatnuss** würzen. Kurz vor dem Anrichten **1 EL Butter** und **2 EL frisch geriebenen Parmesan** unterrühren.

Gelber Gewürzreis

indisch inspiriert

Für 4 Portionen **1 geh. EL Butterschmalz** in einem Topf erhitzen. **3 Gewürznelken, 1 TL gemahlene Kurkuma** (Gelbwurz) und **4 gequetschte grüne Kardamomkapseln** ca. 30 Sek. darin anrösten, bis die Gewürze zu duften anfangen. **200 g Basmatireis** in einem Sieb gründlich abwaschen, gut abtropfen lassen und zu den Gewürzen geben. Ca. **450 ml Wasser** angießen, leicht salzen und aufkochen lassen. Die Hitze reduzieren und den Reis zugedeckt knapp 10 Min. ganz sanft kochen lassen, dabei zwischendurch umrühren, um ein Ansetzen am Topfboden zu verhindern. Falls nötig, noch etwas Wasser nachgießen. Den Reis mit einer Gabel auflockern.

Kleine
Pfannkuchen

… schmecken nicht nur Kindern!

Für ca. 4 Stück **100 g Weizen- oder Dinkel-vollkornmehl** und **1 kräftige Prise Salz** in eine Schüssel geben und mit **1/4 l Milch oder unge-süßtem Sojadrink** glatt rühren. **2 Eier (Grö-ße M)** unterrühren. Den Teig mit je **1 Prise frisch geriebener Muskatnuss und Pfeffer** würzen. In einer Pfanne jeweils **etwas Butter-schmalz** erhitzen, eine halbe Suppenkelle Teig hineinfließen lassen und einen kleinen Pfann-kuchen backen. Den Pfannkuchen wenden, wenn die Unterseite leicht knusprig gebacken ist. Mit dem übrigen Teig ebenso verfahren.

Polentaschnitten

---

vielseitige Begleiter

Für 4 Portionen 1/2 l Wasser mit knapp **1 TL Salz** aufkochen. **150 g Instant-Maisgrieß** (Polenta) einrieseln lassen, dabei ständig rühren, damit sich keine Klümpchen bilden. Mit einem Holzlöffel kräftig rühren und ca. 10 Min. kochen lassen, bis der Maisbrei dick ist und sich vom Topfboden löst. Polenta auf ein befeuchtetes Brett geben, 1 cm dünn ver-streichen und etwas abkühlen lassen. Dann in Rechtecke schneiden. In einer beschichteten Pfanne **1–2 EL Öl** erhitzen. Die Schnitten darin portionsweise beidseitig goldgelb anbraten.

Clever zubereiten

Aus der abgekühlten Polentamasse auf dem Brett können Sie mit größeren Ausstechern auch **Formen ausstechen**, z. B. Sterne oder Herzen.

Mango-Lassi

… noch »smoothiger« geht kaum!

Für 2 Portionen **1 reife Mango** schälen. Das Fruchtfleisch vom Kern lösen und in einen hohen Rührbecher geben. Den **Saft von 1 Limette** und **1–2 TL Rohrzucker** dazugeben. Mango mit dem Pürierstab fein pürieren. **250 g griechischen Sahnejoghurt** (10 % Fett) und **150 ml Mineralwasser** zum Mangopüree geben und mit einem Löffel verquirlen. Das Mango-Lassi auf zwei Gläser verteilen und nach Belieben noch mit den ausgekratzten **Samen von 1 Kardamomkapsel** bestreuen.

Gurken-
Kefir-Shake

Der Sommerhit!

Für 2 Portionen **1 Stück Salatgurke** (ca. 200 g) schälen, grob würfeln und in einen hohen Rührbecher geben. Die abgezupften Blättchen von **2–3 Zweigen Petersilie** oder knapp **1 Handvoll Kerbel** hinzufügen. **300 g Kefir**, **1 EL Zitronensaft** und **1 Prise Salz** dazugeben und alles mit dem Pürierstab fein pürieren. Zwei Gläser zur Hälfte mit **gestoßenem Eis** füllen, Kefirshake daraufgießen. Nach Belieben mit **1 Prise gemahlenem Kreuzkümmel oder Pul biber** (türk. Plättchenpaprika; ersatzweise Cayennepfeffer) würzen.

Beeren-
Soja-Milch

ein Traum in pink

Für 2 Portionen **150 g rote Beeren** (nach Belieben auch TK-Beeren, unaufgetaut) waschen,
trocken tupfen und ca. 6 schöne Beeren für
die Deko beiseitestellen. Die restlichen Beeren
mit **1 EL Zitronensaft, 1 EL Grenadine- oder
Himbeersirup** und **300 ml Sojadrink** in einen
hohen Rührbecher geben. Alles mit dem
Pürierstab cremig-schaumig pürieren. Nach
Belieben **Eiswürfel** in zwei Gläser füllen. Die
Beeren-Soja-Milch in die Gläser gießen und
mit den beiseitegestellten Beeren garnieren.

Zitrus-
Buttermilch

schön frisch und kalorienarm

Für 2 Portionen **1 Orange** und **1 Grapefruit**
auspressen und in einen hohen Rührbecher
geben. **1 kleine Banane** schälen und in kleinen
Stücken dazugeben. **2–3 EL Limettensirup**
und **300 g Buttermilch** dazugießen. Alles mit
dem Pürierstab cremig mixen. **Eiswürfel** in
zwei Gläser füllen. Den Buttermilch-Drink
darüber in die Gläser gießen und mit jeweils
1 Limettenschnitz garnieren. Zitrus-Butter-
milch eiskalt genießen.

Frühlingsrezepte

Jetzt macht der Bummel über den Wochenmarkt wieder Spaß: Frühlingsfrische Kräuter verführen mit ihrem Duft. Eine Vielfalt von zartem Gemüse und die ersten einheimischen Erdbeeren locken in die Küche – höchste Zeit für frühlingsleichte Gerichte!

Für 4 Personen

200 g Couscous (Instant)
Salz
1,5 kg weißer oder
   violetter Spargel
2 Bio-Orangen
4 geh. EL Butter
Pfeffer
1 geh. EL würziger Honig
   (z. B. Thymianhonig)
1 Bund Frühlingskräuter
   (z. B. Kerbel, Estragon,
   glatte Petersilie, Minze)

Orangenspargel mit Kräutercouscous

gästefeiner Gaumenschmaus | *im Bild links*
Zubereitung: ca. 40 Min. | *Pro Portion: ca. 365 kcal*

1 Couscous mit 200 ml kaltem Wasser und 1/2 TL Salz verrühren und 20 Min. quellen lassen. Inzwischen die Enden vom Spargel großzügig abschneiden, die Stangen schälen. Ofen auf 200° (Umluft 180°) vorheizen. Orangen heiß waschen und abtrocknen. Schale fein abreiben, Saft auspressen.

2 3 EL Butter in einem weiten, ofenfesten Bräter erhitzen. Den Spargel darin in ca. 3 Min. rundherum anbraten, salzen und pfeffern. Orangensaft, -schale und Honig daraufgeben. Alles im heißen Ofen (Mitte) weitere 10–12 Min. garen, bis der Spargel leicht karamellisiert. Dabei darauf achten, dass genügend Flüssigkeit im Bräter ist, sonst etwas Wasser nachgießen. Spargel zwischendurch 1–2 Mal wenden, sodass er gleichmäßig im Sud liegt.

3 Inzwischen die Kräuter waschen und trocken schütteln, die Blättchen hacken. Couscous in einer Pfanne in der restlichen Butter unter Rühren anrösten, die Kräuter untermischen. Kräutercouscous mit dem Spargel aus dem Ofen anrichten.

Grüne Sauce mit Kartoffeln und Eiern

beliebter Klassiker aus Frankfurt | *Zubereitung: ca. 50 Min.* | *Pro Portion: ca. 620 kcal*

Für 4 Personen

8 Eier (Größe M)
2 Handvoll Frühlingskräuter
(glatte Petersilie, Dill, Kerbel,
Estragon, Sauerampfer,
Pimpinelle, Borretsch)
1 Bund Schnittlauch
1 Schalotte
100 g Naturjoghurt
150 g Mayonnaise
1 TL Dijon-Senf
6 EL Weißwein-Essig
Salz | Pfeffer
1 kg neue Kartoffeln

1 Für die Grüne Sauce 4 Eier in ca. 10 Min. hart kochen, abgießen, kalt abschrecken und pellen. Die Eier abkühlen lassen. Inzwischen alle Kräuter waschen und trocken schütteln oder schleudern. Die Blättchen fein hacken. Schnittlauch in feine Röllchen schneiden. Schalotte schälen und sehr klein würfeln.

2 Die abgekühlten Eier fein hacken. Joghurt, Mayonnaise, Senf und 2 EL Essig verrühren. Gehackte Eier, Kräuter und Schalottenwürfel unterrühren. Die Sauce mit Salz und Pfeffer abschmecken, ca. 30 Min. bis zum Servieren zugedeckt kühl stellen und durchziehen lassen.

3 Inzwischen die Kartoffeln mit der Gemüsebürste kräftig abreiben und waschen. Kartoffeln in einem Topf in 20 Min. gar kochen, oder im Schnellkochtopf in 8–10 Min.

4 Für die pochierten Eier in einem Topf Salzwasser mit dem restlichem Essig aufkochen. Jeweils 1 Ei in einer Suppenkelle aufschlagen und vorsichtig ins siedende (nicht mehr kochende) Salzwasser geben. Mit den anderen Eiern genauso verfahren. Dann den Topf vom Herd ziehen und die Eier 5 Min. im heißen Wasser ziehen lassen. Mit einer Schaumkelle herausnehmen. Kartoffeln abgießen und mit den Eiern und der Sauce servieren.

Clever einkaufen

Die **Kräuter** werden zur Saison häufig auch im Bund als fertige Frankfurter-Sauce-Mischung angeboten. Und weil der Frühling viel zu schnell vorbei ist, gibt es die Kräutermischung auch **im TK-Regal zu kaufen**.

Variante: Brunnenkresse-Mayonnaise

Für 4 Personen | 150 g **Brunnenkresse** waschen, trocken schleudern und grob hacken. Die Brunnenkresse mit **150 g Salatmayonnaise** und ca. **5 EL Orangensaft** in einen hohen Rührbecher geben und mit dem Pürierstab fein pürieren. **250 g Magerquark** unterrühren und die Creme mit **Salz, Pfeffer** und **1 Prise Zucker** abschmecken.

Frühlingssalat mit Erdbeeren

Hingucker
Zubereitung: ca. 20 Min. | Pro Portion: ca. 50 kcal

Für 4 Personen

150 g Mesclun-Salatmischung (aus dem Kühl-regal) | 250 g Erdbeeren | 1 kleine Schalotte 100 g Naturjoghurt | 3 EL Orangensaft | 2 TL Zitronensaft | Salz | Pfeffer | 1 Prise Zucker

1 Salatmischung waschen, trocken schleudern und ggf. klein zupfen. Erdbeeren waschen, trocken tupfen, entkelchen und halbieren.

2 Die Schalotte schälen, sehr klein würfeln und mit Joghurt, Orangen- und Zitronen-saft verrühren. Salatsauce mit Salz, Pfeffer und Zucker abschmecken. Salatmischung und Erdbeeren mit der Joghurtsauce mischen und anrichten.

Clever variieren

Herrlich aromatisch schmeckt der Frühlingssalat, wenn Sie ihn **mit Wildkräutern** zubereiten. Mischen Sie z. B. Giersch, Sauerampfer, Waldsauerklee, Brennnesseln, jungen Löwenzahn, Brunnenkresse, Bärlauch oder Spitzwegerichblätter. Garnieren Sie den Wildkräutersalat mit schönen ungespritzten **Blüten,** z. B. von Kapuzinerkresse, Gänseblümchen oder Stiefmütterchen.
Für ein **fruchtiges Erdbeerdressing** zusätzlich noch 250 g Erdbeeren waschen, abtrocknen, entkelchen und halbieren. Mit 2 EL Himbeeressig und 1 EL Aga-vendicksaft oder Ahornsirup in einen hohen Rühr-becher geben und mit dem Pürierstab fein pürieren. 2 EL Olivenöl unterrühren und das Dressing mit Salz und Pfeffer würzen.

Blini mit Spinatsalat

frühlingsfrische Vorspeise | Zubereitung: ca. 45 Min.
Ruhen: ca. 1 Std. | Pro Portion: ca. 380 kcal

Für 4 Personen

1/2 Würfel frische Hefe (20 g) | 1 Prise Zucker 2 Eier (Größe M) | 50 g Buchweizenmehl 50 g Weizenvollkornmehl | Salz | 250 g Schichtkäse (20 % oder 40 % Fett) oder Quark 2 EL Milch | ca. 10 Radieschen | Pfeffer 150 g junger Blattspinat | 1 EL Zitronensaft 1/2 TL abgeriebene Bio-Zitronenschale 6 EL Olivenöl | 3—4 EL Schnittlauchröllchen

1 Hefe zerbröckeln, mit Zucker und 1/8 l lau-warmem Wasser verrühren. Eier trennen. Ei-gelbe mit Hefe, beiden Mehlen und 1 Prise Salz zu einem glatten Teig rühren. Zugedeckt an warmem Ort 45–60 Min. gehen lassen.

2 Schichtkäse und Milch verrühren. Radieschen putzen, waschen, fein hacken. Unter den Schichtkäse rühren, kräftig salzen und pfef-fern. Spinat verlesen, waschen und trocken schleudern. Zitronensaft und -schale, 1 Prise Salz, Pfeffer, Zucker und Olivenöl zu einer Vinaigrette rühren.

3 Eiweiße steif schlagen, mit dem Schnittlauch unter den Bliniteig heben. Öl in einer großen Pfanne erhitzen. Teig esslöffelweise hinein-geben und daraus ca. 16 Blini backen. Je Seite ca. 30 Sek. braten. Fertige Blini bei 80° warm halten.

4 Spinat und Vinaigrette mischen. Blini mit Schichtkäse und Spinatsalat anrichten.

Marinierte
Bundmöhren

sesam-knackig

Für 4 Portionen **500 g junge Bundmöhren** putzen, dabei nicht alles Grün entfernen. Die Möhren schälen. **Salzwasser** aufkochen lassen. Die Möhren darin zugedeckt in ca. 5 Min. bissfest garen. Inzwischen für die Vinaigrette **3 EL Zitronensaft, 1 gute Prise Salz, Pfeffer, 1 geh. TL milden Honig, 3 EL Gemüsefond** (aus dem Glas) und **je 2 EL Sesamöl und Rapsöl** verrühren. Möhren mit einer Schaumkelle herausnehmen, auf eine Platte legen und mit der Vinaigrette übergießen. Möhren am besten mind. 5 Min. durchziehen lassen. Mit **1 EL gerösteten Sesamsamen** und **1 Handvoll Minzeblättchen** bestreut servieren.

Mairübchen
mit Kerbelvinaigrette

kräuterwürzig

Für 4 Portionen **3 EL Weißwein- oder Estragonessig, 1 gute Prise Salz, Pfeffer, 1 TL Dijonsenf, 3 EL Apfelsaft** und **4 EL Sonnenblumenöl** für die Vinaigrette verrühren. **1 Handvoll Kerbel** waschen, trocken tupfen, hacken und unter die Salatsauce rühren. **1 Bund Mairübchen** (ca. 500 g) schälen und in Schnitze schneiden. Reichlich **Salzwasser** aufkochen lassen. Die Mairübchen darin ca. 2 Min. blanchieren. Mit einer Schaumkelle herausnehmen, auf eine Platte legen und noch heiß mit der Vinaigrette mischen.

Zuckerschotensalat
mit Tofu

asiatisch abgeschmeckt

Für 4 Portionen **400 g Zuckerschoten** waschen und putzen. Reichlich **Salzwasser** aufkochen lassen. Die Zuckerschoten darin in 30–60 Sek. bissfest kochen. Zuckerschoten in ein Sieb abgießen, kalt abschrecken und abtropfen lassen. **200 g marinierten Tofu** (Fertigprodukt) in Würfel schneiden. **1 Stück frischen Ingwer** (ca. 3 cm) schälen und fein hacken. Mit **3 EL heller Sojasauce, 3 EL Gemüsefond** (aus dem Glas) und **1 EL Sonnenblumenöl** verrühren. Von **2–3 Zweigen Koriandergrün** die Blättchen abzupfen. Alle Zutaten mischen und am besten mind. 10 Min. durchziehen lassen.

Gurkensalat
mit Feta und Dill

griechisch inspiriert

Für 4 Portionen **1 Salatgurke** waschen und abtrocknen. Die Schale zur Hälfte abschälen. Gurke in dünne Scheiben schneiden oder hobeln. Mit **1/2 TL Salz** bestreuen, in ein Sieb geben und Saft ziehen lassen. **200 g Schmant** mit **1 EL Zitronensaft, 1 Prise Salz** und **1 TL Chiliflocken** verrühren. Die Gurken zwischen den Händen ausdrücken, sodass sie möglichst viel Wasser verlieren, und mit dem Schmant verrühren. **1/2 Bund Dill** waschen und trocken schütteln. Die Dillspitzen abzupfen, hacken und daraufstreuen. **100 g milden Schafkäse** (Feta) darüberkrümeln.

Gemüseeintopf mit Kräuterflädle

einmal quer durchs Gemüsebeet | *Zubereitung: 1 Std.* | *Pro Portion: ca. 315 kcal*

Für 4 Personen

Für die Kräuterflädle:

2–3 EL Butter
75 g Mehl
ca. 1/8 l Milch
1 Ei (Größe M) | Salz
1 Bund Frühlingskräuter
  (z. B. Schnittlauch, glatte
  Petersilie, Kerbel, Estragon)

Für den Gemüseeintopf:

ca. 800 g Frühlingsgemüse
  (z. B. Möhren, Kohlrabi,
  Brokkoli, Mairübchen, grüner
  Spargel, Zuckerschoten)
250 g Kartoffeln
1 Zwiebel
1–2 Knoblauchzehen
1 EL Olivenöl
1 1/4 l kräftige Gemüsebrühe
  (Instant)
2 Lorbeerblätter
1/2 Bund glatte Petersilie
Pfeffer
Muskatnuss, frisch gerieben

Clever variieren

Anstelle der Frühlingsgemüse können
Sie diesen Eintopf im Herbst mit einer
herzhaft-würzigen Mischung aus
**Möhren, Petersilienwurzeln, Weißkohl,
Lauch und Kartoffeln** zubereiten.

1 Für die Kräuterflädle 1 EL Butter schmelzen. Mehl in eine Schüssel geben. Milch, flüssige Butter und Ei hinzugeben und mit einem Schneebesen gründlich verrühren. Teig mit Salz würzen. Kräuter waschen und trocken schütteln, die Blättchen hacken. Die Hälfte davon unter den Flädleteig rühren, restliche Kräuter für den Eintopf beiseitestellen.

2 In einer beschichteten Pfanne jeweils etwas Butter erhitzen, eine kleine Suppenkelle Teig hineingeben und einen dünnen Pfannkuchen backen. Den Pfannkuchen wenden, wenn die Unterseite leicht knusprig gebacken ist. Mit dem übrigen Teig ebenso verfahren. Flädle aufrollen (so lassen sie sich später besser schneiden) und abkühlen lassen.

3 Für den Gemüseeintopf alle Gemüsesorten putzen, waschen bzw. schälen und in mundgerechte Stücke schneiden. Die Kartoffeln schälen und in Stücke schneiden. Zwiebel und Knoblauch schälen und klein würfeln.

4 In einem großen Topf das Öl erhitzen, Zwiebel- und Knoblauchwürfel darin kurz glasig schwitzen. Die Gemüsebrühe angießen, die Lorbeerblätter hineingeben und alles aufkochen. Kartoffel- und Möhrenstücke dazugeben und 5 Min. darin zugedeckt kochen lassen. Dann die restlichen Gemüsesorten hineingeben und weitere 5–8 Min. kochen lassen, bis alle Gemüsesorten gar sind.

5 Die beiseitegestellten Kräuter in die Suppe rühren. Suppe mit Salz, Pfeffer und Muskat würzen. Die Lorbeerblätter entfernen. Flädlerollen in schmale Streifen schneiden und in die heiße Suppe geben. Suppe sofort servieren.

Clever würzen

Rühren Sie **2 EL Basilikum- oder Bärlauchpesto** in die heiße Suppe.

Kräutersuppe

raffiniert
Zubereitung: ca. 35 Min. | Pro Portion: ca. 235 kcal

Für 4 Personen

1 Stange Lauch | 1 großes Bund glatte Petersilie | 200 g Brunnenkresse | 1 großes Bund Basilikum | 1 Bund Estragon | Salz 1 EL Kapern (aus dem Glas) | 100 g milde grüne Oliven ohne Stein | 6–10 Eiswürfel 8 EL Olivenöl | ca. 75 ml Zitronensaft | Pfeffer

1 Lauch putzen, waschen und in dünne Scheiben schneiden. Petersilie, Brunnenkresse, Basilikum und Estragon waschen und trocken schütteln bzw. abtropfen lassen. 3/4 l Wasser aufkochen lassen und salzen. Lauch, Petersilie und Brunnenkresse darin 2 Min. blanchieren, in ein Sieb über eine Schüssel abgießen, dabei die Flüssigkeit auffangen.

2 Von Basilikum und Estragon die Blättchen abzupfen und grob hacken. Lauch, Petersilie und Brunnenkresse mit Basilikum, Estragon, Kapern und Oliven in der Küchenmaschine oder portionsweise im Blitzhacker oder mit dem Pürierstab pürieren. Die Eiswürfel, 6 EL Olivenöl, Zitronensaft und nach und nach soviel abgekühlte Kochflüssigkeit unterrühren, bis die Suppe flüssig genug ist. Eventuell noch etwas kaltes Wasser unterrühren. Suppe mit Salz und Pfeffer abschmecken.

3 Zum Servieren die Suppe in gekühlte Teller geben und das restliche Olivenöl darüberträufeln.

Erbsencremesuppe

fein kombiniert
Zubereitung: ca. 40 Min. | Pro Portion: ca. 615 kcal

Für 4 Personen

Für das Minzepesto:

2 EL Sonnenblumenkerne | 1/2 Bund Minze 1/2 Bund glatte Petersilie | 1 Stück Bio-Zitronenschale (ca. 5 cm) | 2 EL frisch geriebener Parmesan | 5–6 EL Olivenöl | Salz | Pfeffer

Für die Suppe:

1,25 kg frische Erbsen in der Schote (ersatzweise 450 g TK-Erbsen) | 1 Schalotte 1 EL Butter | 1/2 l Gemüsefond (aus dem Glas) 100 ml trockener Weißwein (ersatzweise Gemüsefond und 1 EL Zitronensaft) 200 g Sahne | 1 Prise Zucker nach Belieben

1 Sonnenblumenkerne ohne Fett leicht anrösten, abkühlen lassen. Minze und Petersilie waschen und trocken schütteln, Blättchen abzupfen und mit Sonnenblumenkernen, Zitronenschale und Parmesan fein pürieren. Öl nach und nach zugießen, bis das Pesto sämig ist. Salzen und pfeffern.

2 Erbsen aus den Schoten lösen. Schalotte schälen, klein würfeln, in Butter andünsten. Erbsen, Gemüsefond und Wein zugeben. Aufkochen, 10 Min. offen sanft kochen. 2 EL Erbsen herausnehmen, beiseitestellen.

3 Sahne in die Suppe gießen. Suppe pürieren und mit Salz, Pfeffer und Zucker abschmecken. Mit Erbsen und Pesto garnieren.

Frühlingslasagne

sahniges Vergnügen
Zubereitung: ca. 45 Min. | Pro Portion: ca. 560 kcal

Für 4 Personen

Salz | 800 g Frühlingsgemüse (z. B. Möhren, Kohlrabi, Frühlingszwiebeln, Brokkoli, frisch gepalte Erbsen, Zuckerschoten) | 25 g Butter 30 g Mehl | 1/2 l Milch | Pfeffer Muskatnuss, frisch gerieben | 1 Bund Frühlingskräuter (z. B. Kerbel, glatte Petersilie, Pimpinelle) 1 TL abgeriebene Bio-Zitronenschale ca. 250 g Lasagneblätter (ohne Vorkochen) 100 g Emmentaler, frisch gerieben

Außerdem:

Fett für die Form

1 Reichlich Salzwasser in einem großen Topf aufkochen. Das Gemüse putzen, waschen bzw. schälen. In Stückchen oder Scheibchen schneiden und im kochenden Salzwasser 2–3 Min. blanchieren. In ein Sieb abgießen, kalt abschrecken und abtropfen lassen.

2 Für die Béchamelsauce Butter erhitzen. Mehl einrühren, farblos anschwitzen. Kalte Milch dazugießen und kräftig rühren, damit keine Klümpchen entstehen. Béchamelsauce aufkochen und 5 Min. bei kleiner Hitze unter ständigem Rühren sanft kochen lassen. Mit Salz, Pfeffer und Muskat würzen und etwas abkühlen lassen. Kräuter waschen und trocken schütteln, die Blättchen klein hacken und mit der Zitronenschale unter die Sauce rühren. Backofen auf 200° (Umluft 180°) vorheizen.

3 Eine Auflaufform (ca. 18 x 26 cm) einfetten. Lagenweise Lasagneblätter, Gemüsestückchen sowie Béchamelsauce einschichten – als oberste Schicht Lasagneblätter. Diese mit etwas Béchamelsauce bestreichen und mit dem Käse bestreuen. Lasagne im heißen Ofen (Mitte) in 20–25 Min. goldgelb backen.

Nudeln mit Spinat

schlicht köstlich | *Zubereitung: ca. 25 Min.*
Pro Portion: ca. 570 kcal

Für 4 Personen

500 g junger Blattspinat | 4–8 Knoblauchzehen von frischem Knoblauch | Salz | 400 g Nudeln (z. B. Linguine) | 4 EL Olivenöl | Pfeffer 1/2 Bund Basilikum | 100 g Gorgonzola

1 Spinat verlesen, waschen, abtropfen lassen. Knoblauch schälen, in Scheibchen schneiden.

2 Für die Nudeln reichlich Salzwasser aufkochen. Nudeln darin nach Packungsanweisung bissfest garen, abgießen, kalt abschrecken und abtropfen lassen. Inzwischen das Öl in einem zweiten großen Topf erhitzen. Knoblauch darin 10–20 Sek. leicht anbraten, ohne dass er braun wird (dann schmeckt er bitter). Knoblauch herausnehmen und beiseitestellen.

3 Spinat tropfnass im heißen Bratöl zusammenfallen lassen, salzen und kräftig pfeffern. Knoblauch und Nudeln dazugeben, unter Rühren erhitzen. Basilikum waschen, trocken schütteln, Blättchen zerzupfen. Gorgonzola in Stückchen und Basilikum unter die Nudeln mischen. Sofort servieren!

Morchelrisotto

gästefein
Zubereitung: ca. 40 Min. | Pro Portion: ca. 400 kcal

Für 4 Personen

250 g frische Morcheln | 1 Schalotte
1–2 Knoblauchzehen | 4 EL Butter
250 g Risottoreis (Arborio- oder Carnarolireis)
1/8 l Weißwein (ersatzweise Gemüsebrühe und
1–2 EL Zitronensaft) | ca. 600 ml kräftige Gemü-
sebrühe (Instant) | 1/2 Bund glatte Petersilie
3 EL frisch geriebener Parmesan | Salz | Pfeffer

1 Die Morcheln putzen, weiche Teile abschneiden. Morcheln sehr gründlich waschen. Große Morcheln etwas kleiner schneiden, kleine
ganz lassen.

2 Schalotte und Knoblauch schälen und klein
würfeln. 2 EL Butter in einem weiten Topf
erhitzen, Schalotten- und Knoblauchwürfel
darin glasig schwitzen. Reis hinzufügen und
kurz mit andünsten, bis die Reiskörner glän-
zen. Dann alles mit Weißwein ablöschen.

3 Die Morcheln dazugeben. Eine Kelle heiße
Gemüsebrühe dazugießen. Alles aufkochen
und kochen lassen, bis die Flüssigkeit fast
verkocht ist. Dann wieder etwas Brühe dazugeben. Zwischendurch immer wieder mal
umrühren. Nach 15–20 Min. ist der Reis gar
und der Risotto schön sämig.

4 Petersilie waschen und trocken schütteln,
die Blättchen fein hacken. Petersilie, restliche
Butter und Parmesan unter den Risotto
rühren. Mit Salz und Pfeffer abschmecken.

Variante: Asia-Spargelrisotto

Für 4 Personen | 500 g grünen Spargel wa-
schen. Die holzigen Enden entfernen, die
Spargelspitzen abschneiden und die Stangen
schräg in dünne Scheibchen schneiden.
1–2 Knoblauchzehen, 1 Schalotte und 1 Stück
frischen Ingwer (ca. 4 cm) schälen, in sehr
kleine Würfel schneiden und in 2 EL Öl andünsten. 250 g Risottoreis hinzufügen, kurz
mitdünsten und mit 1/8 l Weißwein und
4 EL heller Sojasauce ablöschen. Dann immer
wieder Gemüsebrühe (Instant) dazugießen,
wie oben beschrieben. Nach 10 Min. Garzeit
die Spargelscheibchen und -köpfe dazugeben
und mitkochen lassen. Risotto mit der abge-
riebenen Schale von 1 Bio-Limette, 1–2 EL
Limettensaft, Salz und Pfeffer abschmecken.
1/2 Bund Thai-Basilikum waschen und trocken schütteln, die Blättchen abzupfen, kleiner
zupfen und unter den Risotto mischen.

Clever tauschen

Wenn die kurze Morchel-Saison (Mai bis Juni) vorbei
ist, können Sie den Risotto auch mit **getrockneten
Morcheln** zubereiten. Dafür 20 g getrocknete Morcheln mit 100 ml kochendem Wasser überbrühen
und 10 Min. einweichen lassen. Dann die Morcheln
herausnehmen. Das Einweichwasser durch ein sehr
feines Sieb oder durch einen Papier-Kaffeefilter gießen, sodass eventuelle Schmutzreste zurückbleiben.
Morcheln und Einweichwasser nach dem Weißwein
hinzufügen, dann weiter wie im Rezept verfahren.

Polentaknödel auf Sahne-Spitzkohl

mild-sahnig | *Zubereitung: ca. 55 Min.* | *Pro Portion: ca. 595 kcal*

Für 4 Personen

Für die Polentaknödel:

Salz | 40 g Butter
250 g Instant-Maisgrieß
(Polenta)
1 Ei | Pfeffer
Muskatnuss, frisch gerieben
50 g Parmesan, frisch gerieben

Für den Sahne-Spitzkohl:

1 Spitzkohl (ca. 1 kg)
1 Schalotte
1–2 Knoblauchzehen
1 EL Butter
4 EL trockener weißer Wermut
nach Belieben
200 g Sahne
1/2 Bund Kerbel (ersatzweise
glatte Petersilie)

Außerdem:

Fett für die Form

1 Für die Polentaknödel 900 ml Wasser mit 1 geh. TL Salz und der Hälfte der Butter aufkochen. Unter ständigem Rühren den Maisgrieß einrieseln lassen, dabei darauf achten, dass sich keine Klümpchen bilden. Mit einem Holzlöffel kräftig rühren und den Brei ca. 10 Min. kochen lassen, bis er recht dick, aber dennoch elastisch ist. Das Ei unterrühren. Polentamasse mit Pfeffer und Muskat würzen und etwas abkühlen lassen.

2 Den Backofen auf 200° (Umluft 180°) vorheizen. Eine große Auflaufform einfetten. Mit einem Esslöffel portionsweise etwas Polentamasse entnehmen und zwischen den angefeuchteten Händen zu runden Knödeln formen. Ist der Polentabrei zu dick und krümelt beim Formen, noch etwas Wasser unter den Brei kneten. Die Knödel nebeneinander in die Form legen. Mit dem Parmesan bestreuen. Die restliche Butter in Flöckchen darauf verteilen. Im heißen Ofen (Mitte) in 20–25 Min. goldgelb backen.

3 Inzwischen den Spitzkohl halbieren, den Strunk herausschneiden, äußere Blätter entfernen. Spitzkohlhälften längs halbieren und dann quer in dünne Streifen schneiden. Schalotte und Knoblauch schälen, klein würfeln und in der Butter glasig dünsten. Dann den Spitzkohl dazugeben und 2 Min. mit anschwitzen. Mit Wermut oder Wasser ablöschen. Spitzkohl mit Salz und Pfeffer würzen und zugedeckt 5 Min. dünsten.

4 Die Sahne dazugießen und den Spitzkohl weitere 2–3 Min. offen kochen lassen. Den Spitzkohl nochmals abschmecken. Den Kerbel waschen und trocken tupfen. Die Blättchen grob hacken und unter das Gemüse mischen. Den Spitzkohl mit den Polentaknödeln anrichten.

Grüne Spargeltarte

gut vorzubereiten | *Zubereitung: ca. 30 Min.* | *Backen: ca. 25 Min.* | *Bei 4 Stücken pro Stück: ca. 640 kcal*

Für 1 Tarte- oder Springform (Ø 28 cm)

750 g grüner Spargel
Salz | 3 Eier (Größe M)
250 g Schmant
Pfeffer
Muskatnuss, frisch gerieben
1/2 Bund Kerbel
150 g Bergkäse
75 g Butter
ca. 125 g Filoteig
   (aus dem Feinkostgeschäft
   oder türkischen Laden)
2 EL Semmelbrösel

1 Spargelenden abschneiden, nach Belieben das untere Drittel der Stangen dünn abschälen. Spargelstangen in kochendem Salzwasser 3 Min. blanchieren, in ein Sieb abgießen, kalt abschrecken und abtropfen lassen.

2 Für den Guss Eier und Schmant verquirlen und kräftig mit Salz, Pfeffer und Muskat würzen. Kerbel hacken und unterrühren. Den Käse grob raffeln. Backofen auf 200° (Umluft 180°) vorheizen.

3 Die Butter zerlassen. Die Form mit etwas flüssiger Butter ausstreichen. Jedes Teigblatt dünn mit Butter bepinseln, die Blätter aufeinander legen und in die Form legen, sodass die Ränder teilweise überstehen. Den Teigboden mit den Semmelbröseln bestreuen.

4 Die Hälfte des Käses auf den Teig streuen. Die Spargelstangen darauf verteilen und mit restlichem Käse bestreuen. Die Eier-Schmant-Mischung darübergießen. Die Tarte im heißen Ofen (unten) ca. 25 Min. backen, bis die Oberfläche goldgelb und der Teig knusprig ist.

Clever variieren

Die Tarte schmeckt mit **weißen Spargelstangen** ebenfalls sehr fein. Diese zuvor gründlich schälen und – je nach Dicke der Stangen – 6–8 Min. vorkochen.

Clever tauschen

Anstelle von Filoteig können Sie auch den ursprünglich aus Tunesien stammenden **Brikteig** verwenden oder gekühlten oder tiefgekühlten fertigen **Strudelteig** nehmen. Probieren Sie die Tarte auch mal mit einem **buttrigen Mürbeteig:** Dafür 250 g Mehl, 125 g kalte Butter in kleinen Stückchen, 1 kräftige Prise Salz und ca. 4 EL kaltes Wasser in eine Rührschüssel geben. Zuerst mit den Knethaken des Handrührgeräts, dann mit den Händen rasch zu einem glatten Teig verkneten. Teigkugel in Folie gewickelt 30 Min. kühl stellen. Nach der Kühlzeit den Teig auf wenig Mehl etwas größer als die Form ausrollen und in die gefettete Form legen. Teigboden vor dem Belegen mit einer Gabel mehrmals einstechen.

Frühlingsrollen mit Chili-Dip

knuspriges Thai-Fingerfood | *Zubereitung: ca. 50 Min.* | *Pro Stück: ca. 100 kcal*

Für ca. 25 Stück

Für den Chili-Dip:

2–4 kleine rote Chilischoten
   (je nach gewünschtem
   Schärfegrad)
1 Stück frischer Ingwer
   (ca. 3 cm)
2 Knoblauchzehen | 1 EL Öl
200 g passierte Tomaten
   (Tetrapak)
2 EL Essig
3 EL brauner Zucker
2 EL Sojasauce

Für die Frühlingsrollen:

100 g dünne Reisnudeln
300 g Möhren
6 Frühlingszwiebeln
1 Stück frischer Ingwer
   (ca. 5 cm)
2–3 Knoblauchzehen
1/2 Bund Koriandergrün
2 EL Limettensaft
2 TL brauner Zucker
2 TL geröstetes Sesamöl
3 EL Sojasauce
ca. 25 TK-Frühlingsrollen-
   Teigblätter (à 22,5 x 22,5 cm;
   Asienladen)
1 l Öl zum Frittieren
   (z. B. Erdnussöl)

1 Für den Chilidip die Chilischoten längs aufschlitzen, entkernen und klein hacken (am besten mit Einmal-Handschuhen arbeiten!). Ingwer und Knoblauch schälen und klein würfeln. Das Öl in einer Pfanne erhitzen, Chili, Ingwer und Knoblauch darin farblos anbraten. Passierte Tomaten, Essig, Zucker und Sojasauce dazugeben. Aufkochen und bei kleiner Hitze in 15–20 Min. dicklich einkochen lassen.

2 Inzwischen für die Füllung die Reisnudeln in heißem Wasser 5 Min. einweichen. Nudeln in ein Sieb abgießen und mit einer Schere in 2–3 cm kurze Stücke schneiden. Möhren schälen und grob raffeln. Frühlingszwiebeln putzen, waschen und in feine Ringe schneiden. Ingwer und Knoblauch schälen und klein würfeln. Koriandergrün waschen und trocken schütteln, die Blättchen hacken. Reisnudeln, Möhren, Frühlingszwiebeln, Ingwer, Knoblauch und Koriander mit Limettensaft, braunem Zucker, Sesamöl und Sojasauce mischen.

3 Jeweils einige Teigblätter auf die Arbeitsfläche legen, die Teigränder mit Wasser bestreichen. Jeweils 1 EL Füllung auf eine Teigecke setzen. Die Teigblätter diagonal zu einer Rolle aufwickeln, dabei die seitlichen Teigränder einfalten. Auf diese Weise nach und nach alle Teigblätter füllen.

4 In einem Wok oder Topf das Öl erhitzen, bis an einem hineingetauchten Holzlöffel kleine Bläschen aufsteigen. Die Frühlingsrollen darin portionsweise in 1–2 Min. goldgelb frittieren, mit einer Schaumkelle herausnehmen und auf Küchenpapier abtropfen lassen. Frühlingsrollen mit dem Chili-Dip servieren.

Besonders clever!

Haben Sie **Koriandergrün** mit Wurzeln bekommen? Sie können die Wurzeln klein hacken und mit zur Füllung geben. Oder auch einpflanzen, sie treiben frisches Grün nach.

Topfenpalatschinken

für Süßschnäbel | *Zubereitung: ca. 50 Min.* | *Backen: ca. 20 Min.* | *Pro Portion: ca. 550 kcal*

Für 4 Personen

Für den Teig:

50 g Butter
200 ml Milch
80 g Mehl
2 Eier (Größe M)
1 TL abgeriebene
  Bio-Orangenschale
Salz
1–2 EL Butter zum Braten

Für die Füllung:

2 Eier
250 g Quark (20 % Fett)
2 geh. EL Zucker
1–2 TL abgeriebene
  Bio-Orangenschale
2 EL Rum-Rosinen
  (ersatzweise Korinthen)

Für den Guss:

200 ml Milch
1–2 EL Zucker
2 Eier

Außerdem:

Fett für die Form

1 Für den Palatschinkenteig die Butter schmelzen und etwas abkühlen lassen. Milch und Mehl in einer Schüssel glatt rühren, die Eier dazugeben und unterrühren. Die Orangenschale, die lauwarm abgekühlte flüssige Butter und 1 gute Prise Salz gründlich unterrühren. Den Teig nach Möglichkeit 30 Min. ruhen lassen.

2 Inzwischen für die Füllung die Eier trennen. Die Eigelbe mit Quark, Zucker und Orangenschale glatt rühren. Die Rum-Rosinen unterrühren. Die Eiweiße mit 1 Prise Salz steif schlagen und unter die Füllung heben.

3 In einer beschichteten Pfanne etwas Butter erhitzen, eine kleine Kelle Teig hineingeben und einen kleinen Pfannkuchen (Ø 12 cm) backen. Mit dem restlichen Teig genauso verfahren und daraus sieben weitere Pfannkuchen backen.

4 Den Ofen auf 200° (Umluft 180°) vorheizen. Die Füllung auf den Pfannkuchen verteilen. Pfannkuchen aufrollen und in eine gefettete Form setzen. Für den Guss die Milch mit dem Zucker und den Eiern verquirlen. Die Topfenpalatschinken mit der Eiermilch übergießen und im heißen Ofen (Mitte) ca. 20 Min. backen.

Clever variieren

Im Sommer können Sie die Pfannkuchen auch mit einer luftigen **Quarkcreme** und **Beeren** füllen. Für die Creme 250 g Magerquark mit 4–6 EL Orangensaft oder einer Mischung aus Orangenlikör und -saft und 1 Päckchen Vanillezucker glatt rühren. 100 g Sahne steif schlagen und behutsam unterheben. 300 g Beeren (z. B. Brombeeren oder Himbeeren, oder eine Mischung aus verschiedenen Sorten Beeren) verlesen und mit 2 EL Zucker bestreut 10 Min. Saft ziehen lassen. Pfannkuchen mit der Quarkcreme und dem Beerenragout füllen und servieren.

Erdbeer-Mascarpone-Trifle
mit Holundersirup

cremig-fruchtig | *Zubereitung: ca. 35 Min.* | *Kühlen: 1–2 Std.* | *Pro Portion: ca. 360 kcal*

Für 6 Personen

500 g Erdbeeren
8 EL Holundersirup
   (gekauft oder selbst
   gemacht, s. Tipp)
250 g Mascarpone
250 g Quark (20 % Fett)
1 Bio-Limette
1 Vanilleschote
1–2 EL Zucker
ca. 20 Löffelbiskuits
4 EL Orangenlikör oder -saft

1 Die Erdbeeren waschen, trocken tupfen und entkelchen. Die Früchte je nach Größe halbieren oder vierteln und in eine Schüssel geben. Mit 4 EL Holundersirup beträufeln und 20 Min. Saft ziehen lassen.

2 Inzwischen die Mascarpone mit dem Schneebesen glatt rühren, den Quark unterrühren. Die Limette heiß waschen und trocken tupfen. Die Schale fein abreiben, den Saft auspressen. Vanilleschote der Länge nach aufschlitzen, das Mark herauskratzen. Vanillemark, Limettenschale und -saft und Zucker unter die Mascarpone-Mischung rühren.

3 Nun eine Lage Löffelbiskuits in eine große Schale oder in sechs Dessertschälchen geben. Biskuits mit 2 EL Holunderblütensirup und 2 EL Orangenlikör oder -saft beträufeln. Mit der Hälfte der Mascarponecreme bedecken und die Hälfte der marinierten Erdbeeren daraufgeben. Mit den restlichen Zutaten genauso verfahren, Trifle mit Erdbeeren garnieren. Trifle im Kühlschrank zugedeckt 1–2 Std. durchziehen lassen, dann servieren.

Clever verwerten
Die **leere Vanilleschote** nicht wegwerfen, sondern mit etwas Zucker in ein Schraubglas geben. Zucker einige Male schütteln und mind. 2 Wochen durchziehen lassen. So erhalten Sie wunderbaren **natürlichen Vanillezucker.**

Clever selber machen
Sie wollen eigenen **Holunderblütensirup** herstellen? Dafür von 2 Bio-Zitronen die Schale mit dem Sparschäler hauchdünn abschälen, den Saft auspressen. 1 kg Zucker, 2 l Wasser, Zitronensaft und -schalen einmal aufkochen lassen und abkühlen lassen. Ca. 30 voll aufgeblühte, mit gelbem Blütenstaub bedeckte Holunderblüten aus eigener Sammlung oder vom Markt in die Zuckerlösung geben. Topf abdecken und an einem sonnigen Platz 1 Tag durchziehen lassen. Dann den Sud durch ein Passiertuch gießen und Flüssigkeit mit 25 g Zitronensäure (Apotheke) aufkochen. Sirup sofort in heiß ausgespülte Flaschen gießen und verschließen. So hält er 1–2 Jahre.

Sommerrezepte

Ob Sie ein leichtes Entrée für einen lauen Sommerabend zubereiten möchten oder mediterrane Küche für jeden Tag – schwelgen Sie jetzt nach Herzenslust in den kulinarischen Sommergenüssen!

Für 4 Personen

1 mittelgroße Aubergine
2 kleine Zucchini (400 g)
1 Fenchelknolle
2 Tomaten (200 g)
2 Knoblauchzehen
1 rote Zwiebel
2–3 kleine Zweige Thymian
ca. 100 ml Olivenöl zum Braten
  und zum Beträufeln
Meersalz
Pfeffer
150 g Ziegenfrischkäse
75 g saure Sahne
2 EL Basilikumpesto (Glas)

Antipasti-Türmchen

gästefeine Vorspeise | *im Bild links*
Zubereitung: ca. 35 Min. | *Pro Portion: ca. 385 kcal*

1 Aubergine, Zucchini, Fenchel und Tomaten waschen, putzen und in 1/2 cm dicke Scheiben schneiden. Knoblauch schälen und längs halbieren. Zwiebel schälen und in dünne Ringe schneiden. Thymianzweige waschen und trocken schütteln.

2 Jeweils etwas Öl in einer Pfanne erhitzen. Die Auberginen-, Zucchini- und Fenchelscheiben sowie die Zwiebelringe darin nacheinander von beiden Seiten in je 2–3 Min. goldbraun braten, dabei Knoblauchhälften und Thymianzweige mitbraten. Tomaten ca. 30 Sek. von beiden Seiten anbraten. Gemüse salzen, pfeffern und auf Küchenpapier abtropfen lassen.

3 Den Ziegenfrischkäse mit saurer Sahne, Salz und Pfeffer glatt rühren. Pesto und restliche 2 EL Olivenöl verrühren. Gemüsescheiben abwechselnd mit etwas Ziegenkäsecreme aufeinandersetzen, Pestoöl außen herum träufeln.

Tomaten-Orangen-Suppe

---

erfrischend-fruchtig

Für 4 Portionen **1 Zwiebel** und **2 Knoblauchzehen** schälen, klein würfeln und in **2 EL Olivenöl** glasig dünsten. **1 Dose Pizzatomaten**
(400 g), **1 Lorbeerblatt** und **1 TL Zucker** zu-
fügen und alles 5 Min. sanft kochen lassen.
400 ml Gemüsefond (aus dem Glas) dazugießen. Zusammen mit ca. **8 Eiswürfeln** und
200 ml Orangensaft mit dem Pürierstab pürieren. Suppe mit **Salz** und **Cayennepfeffer** abschmecken. **1/2 Bund Basilikum** waschen, die
Blätter abzupfen und auf der Suppe verteilen.

Trauben-Mandel-Suppe

---

südspanischer Klassiker

Für 4 Portionen **100 g Weißbrot** entrinden
und 10 Min. in kaltem Wasser einweichen.
Inzwischen **1–2 Knoblauchzehen** schälen.
Weißbrot gut ausdrücken, mit Knoblauch
und **100 g geschälten ganzen Mandeln** im
Blitzhacker oder mit dem Pürierstab pürieren.
Die Paste in eine Schüssel geben, **4 EL fruchtiges Olivenöl** und nach und nach 3/4 l Wasser
unterrühren. Mit **1 EL Sherryessig, Salz** und
Pfeffer kräftig würzen. Suppe 30 Min. kühl
stellen. **125 g kernlose grüne Weintrauben**
waschen, trocken tupfen, halbieren und in
die Suppe geben. Nach Belieben noch **2 EL
Olivenöl** in dünnem Strahl darüberträufeln.

Geeiste
Paprikasuppe

südländisch-feurig

Für 4 Portionen **4 rote Paprikaschoten** waschen, putzen und klein schneiden. **2 Knoblauchzehen** schälen und klein würfeln. Paprika in **4 EL Olivenöl** ca. 5 Min. anbraten. Knoblauchwürfel, **2 kleine Rosmarinzweige** und **400 ml Gemüsefond** (aus dem Glas) hinzufügen. Alles aufkochen und zugedeckt 5 Min. sanft kochen lassen. Rosmarin herausnehmen, **4–6 Eiswürfel** dazugeben. Die Suppe pürieren und durch ein feines Sieb streichen. Mit ca. **400 ml Tomatensaft** verrühren, völlig abkühlen lassen, mit **Salz** und **Cayennepfeffer** würzen. Suppe auf Teller verteilen und mit **2-3 Bemmchen** (Brotchips, Fertigprodukt) bestreuen.

Gurken-Joghurt-
Suppe

cremig-frisch

Für 4 Portionen **1 Salatgurke** (ca. 500 g) schälen, halbieren und entkernen, grob zerkleinern und in einen Rührbecher geben. **1 Knoblauchzehe** schälen und dazupressen. **500 g Naturjoghurt** dazugeben und alles mit dem Pürierstab fein pürieren. **125 g Crème fraîche** unterrühren. **1 EL frische Dillspitzen** fein hacken. Gurken-Joghurt-Mischung mit **1–2 TL abgeriebener Bio-Zitronenschale, 2–3 EL Zitronensaft, Dill,** etwas **Salz** und **Cayennepfeffer** kräftig abschmecken. Kurz vorm Servieren noch **150–200 ml** kaltes Wasser unterrühren.

Rucolasalat
mit gebratenen Pfirsichen und Halloumi

raffinierte Vorspeise | *Zubereitung: ca. 35 Min.* | *Pro Portion: ca. 480 kcal*

Für 4 Personen

2 Handvoll Rucola | 2 EL Himbeeressig
2 TL brauner Zucker | 8 EL Olivenöl
1 EL Naturjoghurt | Salz | Pfeffer
4 reife Pfirsiche | 2–3 kleine Zweige Thymian
1 EL Zitronensaft | 250 g Halloumikäse
(zyprischer Schafkäse, Supermarkt)

1   Rucola waschen und trocken schleudern. Für die Salatsauce Essig, 1 gute Prise Zucker, 4 EL Öl und Joghurt verrühren und mit Salz und Pfeffer abschmecken.

2   Pfirsiche waschen, trocken tupfen, halbieren und entkernen. Den Thymian waschen und trocken schütteln, die Blättchen abstreifen. Pfirsiche, Thymianblättchen, 2 EL Öl, Zitronensaft und restlichen Zucker vermischen.

3   Den Halloumikäse in ca. 1 cm dicke Scheiben schneiden. Eine Grillpfanne oder eine beschichtete Pfanne erhitzen. Pfirsichhälften darin von beiden Seiten je ca. 1–2 Min. anbraten, bis sie eine braune Farbe angenommen haben. Hälften herausnehmen, Pfanne säubern. Restliche 2 EL Öl erhitzen und die Käsescheiben darin kurz von beiden Seiten je 1–2 Min. anbraten.

4   Den Rucolasalat mit der Salatsauce mischen, mit den Pfirsichen und dem gebratenen Käse anrichten und sofort servieren.

Herbst-Variante:
Feldsalat mit Linsenvinaigrette

Für 4 Personen | Für die Linsenvinaigrette **100 g kleine grüne Puy-Linsen oder schwarze Linsen** (Beluga- oder Champagnerlinsen) in 15–20 Min. in Wasser kochen, in ein Sieb abgießen und kalt abschrecken. **3 EL Apfelessig, 1 TL Honig, Salz, Pfeffer, 2 EL Kürbiskernöl** und **4 EL Sonnenblumenöl** gründlich verrühren. Linsen untermischen. **2 reife Birnen** waschen, abtrocknen, vierteln und fächerartig aufschneiden. Mit **150 g geputztem, gewaschenem Feldsalat** anrichten. Die Linsenvinaigrette darüberträufeln. **150 g Halloumikäse** wie im Rezept links beschrieben braten und zum Salat geben. Nach Belieben noch **1–2 EL leicht angeröstete Kürbis- oder Sonnenblumenkerne** darüberstreuen.

Clever tauschen

Statt Halloumikäse können Sie auch **schnittfesten Schafkäse** (Feta) verwenden, dann die Scheiben vor dem Anbraten in etwas Mehl oder Grieß wenden.

Rohkost-Platte mit drei Dips

für die gesellige Runde | *Zubereitung: ca. 45 Min.* | *Pro Portion: ca. 890 kcal*

Für 4 Personen

Für die Olivencreme:

2 Knoblauchzehen
2–3 Zweige Basilikum
150 g grüne Oliven ohne Stein
1 TL abgeriebene Bio-
  Zitronenschale
75 ml Olivenöl | Salz | Pfeffer

Für die Nusspaste:

75 g Haselnusskerne
50 g Rucola | 1 Bund glatte
Petersilie | 4–6 EL Orangensaft
1 TL abgeriebene Bio-
  Orangenschale
4–6 EL Haselnuss- oder Olivenöl
Chilipulver oder Cayennepfeffer

Für die Zitronenmayonnaise:

1 Bio-Zitrone | 150 g Mayon-
naise | 150 g saure Sahne
1 Prise Zucker

Für das Gemüse:

8 kleine Möhren
3 Stangen Staudensellerie
3 Frühlingszwiebeln
je 1/2 rote und gelbe
  Paprikaschote
1 kleine Fenchelknolle
8 Radieschen
250 g Blumenkohl

1 Für die Olivencreme Knoblauch schälen und grob würfeln. Basilikum waschen und trocken schütteln, die Blättchen abzupfen und mit den Oliven, der Zitronenschale und dem Olivenöl im Blitzhacker oder mit dem Pürierstab nicht zu fein pürieren. Mit Salz und Pfeffer abschmecken.

2 Für die Nusspaste Haselnüsse grob hacken und in einer Pfanne ohne Fett bei kleiner Hitze leicht rösten und abkühlen lassen. Rucola und Petersilie waschen, trocken schütteln, die Blättchen grob hacken und mit den Haselnüssen im Blitzhacker oder mit dem Pürierstab nicht zu fein hacken. 4 EL Orangensaft, Orangenschale und 4 EL Haselnuss- oder Olivenöl unterrühren. Falls nötig, noch Orangensaft oder Öl dazurühren. Paste mit Salz und Chilipulver oder Cayennepfeffer würzig abschmecken.

3 Für die Zitronenmayonnaise die Zitrone heiß waschen, abtrocknen. Schale fein abreiben, Saft auspressen. Mayonnaise, saure Sahne, Zitronenschale, Zucker und 2–3 EL Zitronensaft glatt rühren. Mit Salz und Pfeffer abschmecken.

4 Für das Gemüse Möhren schälen oder schaben und nach Belieben halbieren. Alle anderen Gemüsesorten waschen und putzen. Staudensellerie und Frühlingszwiebeln in fingerlange Stücke schneiden. Paprika in Streifen schneiden. Strunk vom Fenchel keilförmig herausschneiden, Fenchel in lange Streifen schneiden. Radieschen nach Belieben ganz lassen oder halbieren. Blumenkohl in kleine Röschen teilen.

5 Alle Gemüsesorten auf einer Platte anrichten, die drei Saucen zum Dippen dazu servieren.

Clever variieren

Olivencreme und **Nusspaste** sind auch tolle **Brotaufstriche.** Bei der Zubereitung dafür einfach jeweils 2–3 EL Öl weniger verwenden.

Artischocken-Bohnen-Salat

lässt sich gut vorbereiten | *Zubereitung: ca. 1 Std.* | *Marinieren: ca. 2 Std.* | *Pro Portion: ca. 270 kcal*

Für 4 Personen

2 Knoblauchzehen
2 Lorbeerblätter
Salz
300 g frisch gepalte weiße
  Bohnen (ersatzweise
  150 g getrocknete
  weiße Bohnenkerne)
4–5 EL Zitronensaft
6 EL Olivenöl
6 EL Gemüsebrühe (Instant)
Pfeffer
1 rote Zwiebel
3–4 Zweige Bohnenkraut
1/2 Bund glatte Petersilie
1/2 Bund Salbei
  (ca. 15 Blättchen)
8 kleine Artischocken

1 Den Knoblauch schälen. Wasser mit Knoblauch, Lorbeer und 1 Prise Salz aufkochen. Frisch gepalte Bohnenkerne darin in 30–35 Min. gar, aber nicht zu weich kochen. (Getrocknete Bohnen über Nacht einweichen lassen, dann – je nach Alter und Größe der Bohnen – in 40–90 Min. weich kochen.) Gegarte Bohnen abgießen und abtropfen lassen, Knoblauch und Lorbeer entfernen.

2 Die noch warmen Bohnen in eine Schüssel geben. 3 EL Zitronensaft, Öl, Brühe, etwas Salz und reichlich Pfeffer darübergeben. Alles gut vermischen und Bohnen zugedeckt mind. 2 Std. marinieren lassen.

3 Inzwischen die Zwiebel schälen, halbieren und in feine Streifen schneiden. Kräuter waschen und trocken schütteln, die Blättchen grob hacken. Zwiebelstreifen mit Bohnenkraut, Petersilie und Salbei unter die Bohnen mischen.

4 Die Stiele der Artischocken ca. 5 cm unterhalb der Blüte abschneiden. Stiele mit einem kleinen Küchenmesser dünn schälen. Die harten äußeren Blätter ablösen, die Spitzen der übrigen Blätter großzügig abschneiden. Die Artischocken vierteln und sofort mit übrigem Zitronensaft beträufeln. Salzwasser aufkochen. Die Artischocken darin 5 Min. blanchieren. In ein Sieb abgießen, kalt abschrecken und unter die Bohnen mischen. Salat mit Salz und Pfeffer abschmecken und lauwarm oder abgekühlt servieren.

Clever tauschen

Keine kleinen Artischocken bekommen? Sie können stattdessen auch 4 größere Exemplare verwenden: Den Stiel der großen Artischocken an einer Tischkante abbrechen. Die Artischocken waagerecht mit einem Sägemesser halbieren und die äußeren, harten Blätter vom Boden entfernen. Das »Heu« mit einem Teelöffel herauskratzen. Die Artischockenböden sorgfältig rundherum schälen, in Achtel schneiden und sofort in Zitronenwasser legen. Dann wie oben beschrieben blanchieren und untermischen.

Tomaten-Carpaccio mit Bocconcini

Klassiker auf moderne Art | *Zubereitung: ca. 20 Min.*
Marinieren: ca. 10 Min. | *Pro Portion: ca. 230 kcal*

Für 4 Personen

1 kleines Stück Salatgurke (ca. 6 cm)
  oder 1 Minigurke
1 kleine rote Zwiebel
1 kleine rote Chilischote
1/2 Bund Minze
3 EL Zitronensaft
6 EL Olivenöl
Salz | Pfeffer
4–6 große Tomaten (z. B. Ochsenherzen)
150 g Mini-Mozzarellakugeln (Bocconcini)

1 Für die Vinaigrette die Gurke schälen, längs halbieren, entkernen und in winzige Würfel schneiden. Die Zwiebel schälen und sehr klein würfeln. Die Chilischote der Länge nach aufschlitzen, entkernen und klein hacken. Die Minze waschen und trocken schütteln, die Blättchen in feine Streifen schneiden.

2 Zitronensaft und Olivenöl verrühren, salzen und pfeffern. Gurke, Zwiebel, Chili und Minze unterrühren.

3 Die Tomaten waschen, den Stielansatz herausschneiden und die Tomaten in dünne Scheiben schneiden. Auf einer Platte anrichten. Bocconcini abtropfen lassen und darauf verteilen. Die Vinaigrette darüberträufeln. Salat mind. 10 Min. durchziehen lassen.

Brotsalat mit Bohnen

herzhafte Vorspeise oder leichtes Hauptgericht
Zubereitung: ca. 35 Min. | *Marinieren: ca. 20 Min.*
Pro Portion: ca. 370 kcal

Für 4 Personen

Salz | 1 rote Paprikaschote | 250 g breite
grüne Bohnen | 8 Scheiben Ciabatta oder
Baguette vom Vortag | 8 EL Olivenöl
200 g Salatgurke | 250 g Cocktailtomaten
1 Schalotte | 2–3 Knoblauchzehen
4 EL Rotweinessig | 100 ml Tomatensaft
2 EL Zitronensaft | 1 TL Dijon-Senf | Pfeffer
je 1/2 Bund glatte Petersilie und Basilikum

1 Reichlich Salzwasser aufkochen. Paprika und Bohnen waschen und putzen. Paprika in kleine Stücke, Bohnen schräg in Scheiben schneiden. Bohnen im kochenden Salzwasser in 5 Min. bissfest blanchieren, in ein Sieb abgießen, abschrecken und abtropfen lassen.

2 Brot grob würfeln. 4 EL Öl erhitzen, Brot und Paprika darin unter Wenden 2–3 Min. anbraten, herausnehmen und in eine große Schüssel füllen. Gurke schälen, halbieren, entkernen und in Scheiben schneiden, Tomaten waschen und halbieren. Schalotte schälen und in dünne Ringe schneiden.

3 Knoblauch schälen. Essig, Tomatensaft, Zitronensaft, 2–3 EL Wasser, Senf, restliches Öl, Salz und Pfeffer verrühren. Knoblauch dazupressen. Kräuter waschen, trocken schütteln, Blättchen hacken. Alle vorbereiteten Zutaten mischen. Salat mind. 20 Min. im Kühlschrank ziehen lassen, dann nachwürzen!

Grünes Wokgemüse

einfach schnell
Zubereitung: ca. 20 Min. | Pro Portion: ca. 235 kcal

Für 4 Personen

250 g grüne Bohnen | 250 g Brokkoli | 1 mittelgroßer Zucchino | 4 Frühlingszwiebeln
1 Stück frischer Ingwer (ca. 3 cm) | 1–2 Knoblauchzehen | 3 EL Erdnussöl | 75 g ungesalzene Cashewkerne | 2–3 EL helle Sojasauce
ca. 5 EL Gemüsefond (aus dem Glas) | 2 EL trockener Sherry nach Belieben | Salz | Pfeffer

1 Alle Gemüsesorten waschen und putzen. Bohnen halbieren. Brokkoli in kleine Röschen teilen. Zucchino in Scheiben schneiden. Frühlingszwiebeln in feine Ringe schneiden. Ingwer und Knoblauch schälen und klein würfeln.

2 Einen Wok oder eine große Pfanne mit abgerundeten Seiten stark erhitzen, dann das Öl hineingeben. Cashewkerne darin kurz hellbraun anrösten, herausnehmen. Bohnen und Brokkoli hineingeben und in 2–3 Min. darin unter Wenden anbraten (pfannenrühren). Zucchinischeiben hinzufügen und weitere 2 Min. unter Wenden mitbraten.

3 Frühlingszwiebeln, Ingwer, Knoblauch, Sojasauce, Gemüsefond und nach Belieben den Sherry hinzufügen. Alles aufkochen und das Gemüse 2–3 Min. garen lassen. Das Wokgemüse mit wenig Salz und Pfeffer abschmecken und mit den Cashewkernen bestreut servieren.

Caponata

Sommer in Sizilien | Zubereitung: ca. 50 Min.
Ruhen: 1 Std. | Pro Portion: ca. 450 kcal

Für 4 Personen

500 g Auberginen | Salz | 500 g rote Zwiebeln
3 Stangen Staudensellerie | 500 g reife
Tomaten | 1–2 Knoblauchzehen | 10–12 EL
Olivenöl | 150 g grüne Oliven | Pfeffer
1–2 EL Zucker | 6 EL Weinessig | 75 g Kapernäpfel (aus dem Glas) | 2 EL Pinienkerne

1 Die Auberginen waschen und ca. 1 cm dick schneiden. Die Scheiben in einem Sieb salzen und ca. 1 Std. Wasser ziehen lassen.

2 Gegen Ende der Ruhezeit Zwiebeln schälen und in dünne Spalten schneiden. Staudensellerie waschen, putzen, in dünne Scheiben schneiden. Tomaten überbrühen, kalt abschrecken und häuten. Ohne Stielansatz vierteln und entkernen. Knoblauch schälen und klein würfeln. Auberginenscheiben kalt waschen, abtropfen lassen, trocken tupfen. Dann portionsweise von beiden Seiten in je 2–3 EL Olivenöl goldbraun anbraten. Herausnehmen und in eine Schale geben.

3 Zwiebeln im restlichen Öl ca. 10 Min. langsam anbraten. Sellerie, Oliven, Tomaten und Knoblauch zugeben, alles leicht salzen und pfeffern, 5 Min. bei kleiner Hitze garen. Zucker, Essig, Kapernäpfel und Auberginenscheiben zugeben, weitere 5 Min. sanft kochen lassen. Abschmecken und am besten abkühlen lassen. Pinienkerne ohne Fett goldgelb rösten und über das Gemüse streuen.

Semmelknödel mit Mangoldgemüse

Hausmannskost auf moderne Art | Zubereitung: ca. 55 Min. | Pro Portion: ca. 540 kcal

Für 4 Personen

Für die Semmelknödel:

5 Brötchen vom Vortag
200 ml Milch | Salz
2–3 Frühlingszwiebeln
1 Bund glatte oder krause
   Petersilie
2 EL Butter
2 Eier (Größe M)
2–3 EL Semmelbrösel
Pfeffer
Muskatnuss, frisch gerieben
3–4 EL frisch geriebener
   Parmesan

Für das Mangoldgemüse:

1 kg Mangold
1–2 Knoblauchzehen
1 EL Butter
200 g Sahne
100 ml Gemüsefond
   (aus dem Glas)

1 Für die Knödel die Brötchen in dünne Scheiben, dann in Würfel schneiden und in eine Schüssel geben. Milch aufkochen und über die Brötchenwürfel gießen. Schüssel mit einem Topfdeckel oder Klarsichtfolie abdecken (so können die Brötchenwürfel am besten durchweichen). Brötchen 10 Min. durchziehen lassen.

2 Inzwischen in einem großen Topf reichlich Salzwasser aufkochen. Frühlingszwiebeln putzen, waschen und in feine Röllchen schneiden. Petersilie waschen und trocken schütteln, die Blättchen fein hacken. Butter in einer Pfanne erhitzen, Frühlingszwiebeln darin in 1–2 Min. weich dünsten, Petersilie kurz mitdünsten.

3 Frühlingszwiebeln und Petersilie zu den eingeweichten Brötchen geben. Eier und Semmelbrösel unterrühren. Masse mit Salz, Pfeffer und Muskat würzen. Aus der Masse mit angefeuchteten Händen einen kleinen Probeknödel formen. Probeknödel ins kochende Salzwasser geben. Zerfällt der Knödel, noch Semmelbrösel unter die übrige Masse kneten. Dann aus der Masse kleine Knödel formen. Knödel in das kochende Salzwasser geben, Hitze reduzieren und die Knödel 10–15 Min. ziehen (nicht kochen!) lassen.

4 Inzwischen Mangold putzen und waschen. Stiele und grüne Blätter getrennt in schmale Streifen schneiden. Knoblauch schälen. In einem Topf die Butter erhitzen. Darin die Stiele 2–3 Min. andünsten, dann die grünen Blätter dazugeben und weitere 2–3 Min. unter Rühren dünsten. Knoblauch dazupressen, Sahne und Gemüsefond dazugießen. Alles aufkochen und in 2–3 Min. dicklich einkochen lassen. Mangoldgemüse mit Salz, Pfeffer und Muskat herzhaft würzen.

5 Semmelknödel herausnehmen, abtropfen lassen, mit Mangold anrichten und mit dem Parmesan bestreut servieren.

Ricotta-Gnocchi
mit geschmolzenen Tomaten

italienisch-leichte Sommerküche | *Zubereitung: ca. 30 Min.* | *Pro Portion: ca. 685 kcal*

Für 4 Personen

500 g Ricotta (ital. Frischkäse)
100 g Parmesan, frisch gerieben
2 Eier (Größe M)
175–200 g Mehl
  (+ Mehl für die Arbeitsfläche)
Salz | Pfeffer
500 g Cocktailtomaten
3–4 Zweige Basilikum
2–3 Knoblauchzehen
6 EL Olivenöl
100 ml Gemüsefond
  (aus dem Glas)

Clever variieren

Für **überbackene Gnocchi** den Backofen auf 200° (Umluft 180°) vorheizen. Weiße Cannellini-Bohnen aus der Dose (Abtropfgewicht 250 g) in ein Sieb geben, gründlich abwaschen und abtropfen lassen. Bohnen unter die Cocktailtomaten mischen und mit den Gnocchi in eine gefettete Auflaufform geben. Alles mit 100 g geriebenem Pastakäse (aus dem Kühlregal) bestreuen, 1 EL Butterflöckchen darauf verteilen. Gnocchi im heißen Backofen (Mitte) 15–20 Min. überbacken.

1 Für die Gnocchi Ricotta, 75 g Parmesan, die Eier und 175 g Mehl in einer Schüssel gut vermischen und mit Salz und Pfeffer würzen. Die Masse sollte fest und formbar sein, sonst noch etwas Mehl unterkneten. Auf einer leicht bemehlten Arbeitsfläche aus der Masse ca. 2 cm dicke Rollen formen, die Rollen in 2 cm kurze Stücke schneiden. Stücke mit einer Gabel leicht eindrücken.

2 In einem großen Topf reichlich Salzwasser aufkochen und die Gnocchi hineingeben. Sobald das Wasser wieder kocht und die Gnocchi an der Oberfläche schwimmen, die Hitze reduzieren und die Gnocchi im siedenden (nicht kochenden) Wasser in 3–5 Min. gar ziehen lassen. Gnocchi mit einer Schaumkelle herausheben und abtropfen lassen.

3 Für die geschmolzenen Tomaten die Tomaten waschen und halbieren. Basilikum waschen und trocken schütteln, die Blättchen abzupfen und kleiner zupfen. Knoblauch schälen und klein würfeln. In einem breiten Topf 4 EL Olivenöl erhitzen, Knoblauch und Tomaten ca. 2 Min. darin unter leichtem Rühren andünsten. Die Tomaten sollen weich sein, aber noch nicht ganz zerfallen. Gemüsefond dazugießen, erhitzen, salzen und pfeffern. Basilikum unterrühren.

4 Restliches Olivenöl in einer Pfanne erhitzen. Gnocchi darin kurz anbraten, dann mit den Cocktailtomaten anrichten. Mit restlichem Parmesan bestreut servieren.

Auberginen-Pizza

toller Appetizer für die Gartenparty
Zubereitung: ca. 35 Min. | Ruhen und Backen:
ca. 1 Std. 15 Min. | Pro Portion: ca. 540 kcal

Für 4 Personen

300 g Mehl (+ Mehl für die Arbeitsfläche)
1/2 Würfel Hefe (21 g) | 1/2 TL Zucker
Salz | 2 EL Olivenöl
1 mittelgroße Aubergine (ca. 350 g)
150 g Tomatenpesto (gekauft oder
  selbst gemacht; s. Tipp)
4–6 kleine Zweige Thymian | Pfeffer
4 getrocknete Tomaten in Öl
2 EL schwarze Oliven
Meersalz zum Bestreuen

1 Für den Hefeteig das Mehl in eine Schüssel geben, in die Mitte eine Mulde drücken und die Hefe hineinbröckeln. Den Zucker darüberstreuen. Hefe mit 175–200 ml lauwarmem Wasser und etwas Mehl vom Rand zu einem Vorteig verrühren. Vorteig mit einem Küchentuch bedeckt an einem warmen Platz 15 Min. gehen lassen.

2 Zum gegangenen Vorteig 1 TL Salz, Öl und 75–100 ml lauwarmes Was geben. Zuerst mit den Knethaken des Handrührgeräts, dann mit den Händen einen elastischen Hefeteig kneten. Teig zugedeckt nochmals 45 Min. an einem warmen Ort gehen lassen, bis sich das Teigvolumen verdoppelt hat.

3 Inzwischen die Aubergine waschen, den Stielansatz entfernen. Aubergine längs oder quer in 5 mm dünne Scheiben schneiden.

Die Scheiben mit 2 TL Salz bestreuen und Wasser ziehen lassen. Nach 10 Min. die Auberginenscheiben kalt abwaschen und gründlich trocken tupfen.

4 Den Backofen auf 250° (Umluft 220°) vorheizen. Zwei Backbleche mit Backpapier auslegen. Den gut gegangenen Teig mit den Händen auf der bemehlten Arbeitsfläche durchkneten, in 2 Portionen teilen und jedes Teigstück rund zu einem Fladen von ca. 30 cm Ø ausrollen. Die Fladen auf die Bleche legen.

5 Die Teigfladen dünn mit Tomatenpesto bestreichen, Auberginenscheiben darauflegen. Mit Thymianzweiglein belegen und mit 2–3 EL Öl von den eingelegten Tomaten beträufeln. Alles mit Pfeffer würzen. Die Pizzen im heißen Ofen (Mitte) 10 Min. backen.

6 Inzwischen die eingelegten Tomaten abtropfen lassen und grob hacken. Tomaten nach 10 Min. Backzeit mit den Oliven auf den Pizzen verteilen. Pizzen weitere 3–5 Min. backen, bis sie knusprig sind. Pizzen aus dem Ofen nehmen und leicht mit Meersalz bestreut servieren.

Clever selber machen

Für **selbst gemachtes Tomatenpesto** 2 EL Pinienkerne oder Mandelstifte in einer Pfanne ohne Fett hellbraun anrösten, abkühlen lassen. 1–2 Knoblauchzehen schälen. 150 g in Öl eingelegte getrocknete Tomaten abtropfen lassen und mit Pinienkernen oder Mandeln, Knoblauch, 2 EL Tomatenmark, Blättchen von 1 Zweig Oregano und 2 Zweigen Basilikum, 1–2 Msp. Chilipulver, 1 TL Essig, 1 Prise Salz und 6–8 EL Olivenöl (oder Öl von den eingelegten Tomaten) im Blitzhacker oder mit dem Pürierstab portionsweise nicht zu fein hacken. In einem Schraubglas, mit etwas Öl bedeckt, im Kühlschrank aufbewahren.

Falafel mit Sesamsauce und Salat

Streetfood aus dem Libanon | *Zubereitung: ca. 1 Std.* | *Einweichen: 24 Std.* | *Pro Portion: ca. 820 kcal*

Für 4 Personen

Für die Falafel:

200 g getrocknete Kichererbsen
1–2 Knoblauchzehen
je 3–4 Zweige Minze, glatte
  Petersilie und Koriandergrün
2 Frühlingszwiebeln
1 TL Backpulver | je 1 TL gem.
Kreuzkümmel und Koriander
1 TL Harissa (scharfe Chilipaste,
  ersatzweise Cayennepfeffer)
4 EL Zitronensaft
2–3 EL Sesamsamen

Für die Sesamsauce:

2–3 Knoblauchzehen
125 g Tahin (Sesampaste,
  Reformhaus oder türk. Laden)
Saft von 2 Zitronen

Für den Salat:

2 Tomaten | 4 Radieschen
ca. 6 cm Salatgurke | 1 kleine
rote Zwiebel | je 2 Zweige
glatte Petersilie und Minze
2 Blätter Römersalat
2 EL Zitronensaft | 4 EL Olivenöl

Außerdem:

Salz | Cayennepfeffer
1 l Öl zum Frittieren
4 Pitabrote (kleine Fladenbrote)

1 Kichererbsen in kaltem Wasser über Nacht einweichen.

2 Am nächsten Tag die Kichererbsen abgießen und gut abtropfen lassen. Knoblauch schälen. Kräuter waschen und trocken schütteln, Blättchen abzupfen. Kichererbsen, Knoblauch und Kräuter zweimal durch die feine Scheibe des Fleischwolfs drehen oder in der Küchenmaschine zu einer groben Paste pürieren und in eine Schüssel geben.

3 Frühlingszwiebeln putzen, waschen, in Röllchen schneiden. Mit Backpulver, Kreuzkümmel, Koriander, 1 1/2 TL Salz, Harissa und Zitronensaft zu der Kichererbsenmischung geben und gut verkneten. Aus der Masse mit feuchten Händen ca. 20 Bällchen formen, diese mit Sesamsamen bestreuen.

4 Für die Sesamsauce Knoblauch schälen, grob würfeln und mit Tahin, Zitronensaft und ca. 150 ml heißem Wasser mit dem Pürierstab zu einer cremigen Sauce aufschlagen. Mit Salz und Cayennepfeffer abschmecken.

5 Für den Salat Tomaten, Radieschen und Gurke waschen, putzen und in dünne Scheiben schneiden. Zwiebel schälen und in feine Ringe schneiden. Kräuter waschen und trocken schütteln, die Blättchen abzupfen. Salatblätter waschen, trocken tupfen und kleiner zupfen. Alle vorbereiteten Salatzutaten mit Zitronensaft und Olivenöl vermischen und mit Salz und Cayennepfeffer kräftig würzen.

6 Zum Frittieren das Öl in einem hohen Topf erhitzen, bis an einem eingetauchten Holzspieß kleine Blasen aufsteigen. Kichererbsenbällchen portionsweise ins Öl geben und in jeweils 2–3 Min. goldgelb ausbacken. Herausheben und auf Küchenpapier abtropfen lassen. Pitabrote im Toaster kurz knusprig aufbacken, mit den Kichererbsenbällchen, etwas Salatmischung und Sesamsauce füllen und servieren.

Aprikosen-
Clafoutis

saftige Früchte in Teig gehüllt | *Zubereitung: ca. 15 Min.* | *Backen: ca. 35 Min.* | *Pro Portion: ca. 455 kcal*

Für 4 Personen

1 EL Butter
750 g Aprikosen
2 EL Zitronensaft
1/2 Vanilleschote
4 Eier (Größe M)
3–4 EL Zucker
1 TL abgeriebene
   Bio-Zitronenschale
75 g Mehl
150 ml Milch
100 g Sahne
2 EL Mandelblättchen
2 TL Hagelzucker
   zum Bestreuen

1 Eine große Auflaufform buttern. Die Aprikosen waschen, abtrocknen, halbieren und entkernen. Mit der Schnittfläche nach unten in die Form legen und mit dem Zitronensaft beträufeln.

2 Den Backofen auf 200° (Umluft 180°) vorheizen. Für den Teig die Vanilleschote der Länge nach aufschlitzen und das Mark herauskratzen. Eier, Zucker, Zitronenschale und Vanillemark mit dem Schneebesen gut verrühren. Mehl, Milch und Sahne unterrühren, sodass ein flüssiger Teig entsteht. Den Teig über die Aprikosen gießen. Die Mandelblättchen daraufstreuen.

3 Clafoutis im heißen Ofen (Mitte) in 30–35 Min. goldgelb backen. Mit Hagelzucker bestreut servieren.

Clever servieren

Sie können den Clafoutis auch als **Dessert für 6 Personen** nach einem leichten sommerlichen Essen servieren. Dann am besten jede Portion mit je 1 Kugel Vanille- oder Walnusseis krönen.

Clever tauschen

Anstelle der Aprikosen schmeckt dieser Auflauf im Sommer auch toll mit **Süß- oder Sauerkirschen, gelben runden Pflaumen oder Reine-clauden.** Im Herbst können Sie **Zwetschgenhälften** verwenden, im Winter zuvor in roten Portwein oder Traubensaft eingelegte **Dörrpflaumen.**

Quarkcreme mit Cassis-Sauce

gut vorzubereiten | *Zubereitung: ca. 30 Min.* | *Pro Portion: ca. 345 kcal*

Für 6 Personen

Für die Quarkcreme:

1 Bio-Limette
1 1/2 Bio-Orangen
350 g Magerquark
75 g Puderzucker
200 g Sahne

**Für die Cassis-Sauce
und zum Anrichten:**

je 150 g rote und schwarze
   Johannisbeeren
1/2 Bio-Orange
1/2 Vanilleschote
ca. 140 g Zucker
5–6 EL Rotwein oder
   roter Fruchtsaft
2–3 EL Crème de Cassis
   (schwarzer Johannisbeerlikör)
   nach Belieben
Zitronenverbene- oder Melisse-
   blättchen zum Garnieren

1 Für die Quarkcreme Limette und Orangen heiß waschen und trocken tupfen. Die Schale fein abreiben, Saft auspressen. Quark, Limetten- und Orangenschale, Limetten- und Orangensaft und Puderzucker glatt rühren.

2 Die Sahne steif schlagen und unter die Quarkcreme heben. Die Creme auf 6 Dessertschälchen verteilen und abgedeckt kalt stellen.

3 Für die Cassis-Sauce die Johannisbeeren waschen, abtropfen lassen und von den Rispen streifen (das geht am besten mit einer Gabel). 2 EL Beeren für die Deko beiseitelegen. Die Orangenhälfte in Scheiben schneiden. Die Vanilleschote der Länge nach aufschlitzen und das Mark herauskratzen.

4 Johannisbeeren, 125 g Zucker, Vanillemark und -schote, Orangenscheiben und Rotwein oder Saft in einen kleinen Topf geben und aufkochen. 2 Min. sanft kochen lassen, dann mit dem Pürierstab pürieren und durch ein feines Sieb streichen. Nach Belieben Likör unterrühren. Die Sauce erkalten lassen.

5 Zum Anrichten die beiseitegelegten Beeren mit dem restlichen Zucker bestreuen. Die Quarkcreme in den Dessertschälchen mit der Cassis-Sauce, den Zucker-Beeren und den Kräuterblättchen anrichten.

Blitzvariante: Frozen Joghurt mit Himbeeren

Für 4 Personen | 300 g **TK-Himbeeren** in einen Rührbecher geben. **500 g Sahnejoghurt** (10 % Fett), **2 geh. EL rotes Fruchtgelee** (z. B. Himbeer- oder Johannisbeergelee) und nach Belieben **2–3 EL Crème de Cassis** dazugeben. Mit dem Pürierstab pürieren, in Gläser füllen, sofort eiskalt genießen.

Herbstrezepte

Mit ein wenig Wehmut verabschieden wir uns von den letzten lauen Sommerabenden – und sind voller Vorfreude auf herbstliche Genüsse. Am besten genießt es sich jetzt in geselliger Runde!

Für 4 Personen

- 4 Scheiben TK-Blätterteig (ca. 240 g)
- 150 g möglichst kleine Pfifferlinge
- 2 große oder 4 kleine reife Feigen
- 2 kleine Kartoffeln
- 200 g Schmant
- Salz | Pfeffer
- 50 g kräftiger Blauschimmelkäse (z. B. Roquefort)
- 4–8 kleine Zweige Thymian
- 1 dünne Stange Lauch

Flammkuchen

feine warme Vorspeise | *im Bild links* | *Zubereitung: ca. 45 Min.*
Backen: ca. 15 Min. | *Pro Portion: ca. 450 kcal*

1 Ein Backblech mit Backpapier belegen, Blätterteigscheiben darauflegen und nach Packungsanweisung auftauen lassen. Für den Belag Pfifferlinge gründlich putzen, größere Pilze kleiner schneiden. Feigen waschen, trocken tupfen und in dünne Scheiben schneiden. Kartoffeln schälen oder gründlich abbürsten und in sehr dünne Scheiben schneiden oder hobeln. Schmant mit 1/2 TL Salz und Pfeffer verrühren.

2 Den Backofen auf 250° (Umluft 220°) vorheizen. Blätterteigscheiben mit einer Gabel mehrmals einstechen. Schmantcreme darauf verstreichen. Zwei Blätterteigscheiben mit Kartoffelscheiben, Pfifferlingen und Thymianzweiglein belegen, gut salzen und pfeffern. Restlichen Teig mit Feigenscheiben und übrigen Thymianzweiglein belegen, Käse darüberkrümeln, kräftig pfeffern.

3 Im Ofen (unten) in 10–15 Min. knusprig backen. Inzwischen Lauch waschen, putzen und in dünne Ringe schneiden. Auf die heißen Fladen streuen und sofort servieren.

Süßkartoffeltarte
mit Ziegenkäse

toll zu Neuem Wein | Zubereitung: ca. 25 Min. | Backen: ca. 25 Min. | Bei 4 Stücken pro Stück: ca. 620 kcal

Für 1 Tarteform (28–30 cm Ø)

Für den Quark-Öl-Teig:

125 g Magerquark
1 Ei | 2 EL Milch
4 EL Öl | Salz
250 g Mehl (+ Mehl
   für die Arbeitsfläche)
2 TL Backpulver

Für den Belag:

250 g Süßkartoffeln
100 g Ziegengouda
150 g Ziegenfrischkäse
100 g Schmant
Pfeffer
1 TL abgeriebene
   Bio-Zitronenschale
6–8 kleine Zweige Oregano
2 EL Pinienkerne
Salz | 2 EL Olivenöl

Außerdem:

Fett für die Form

1 Für den Quark-Öl-Teig Quark, Ei, Milch, Öl und 1/2 TL Salz in einer Schüssel verrühren. Mehl mit Backpulver mischen. Die Hälfte davon unter die Quarkmasse rühren, restliche Mehl-Mischung dann unterkneten.

2 Eine Tarteform einfetten. Den Teig auf der leicht bemehlten Arbeitsfläche etwas größer als die Form ausrollen. Den Teig in die Form legen und dabei einen niedrigen Rand formen. Den Backofen auf 200° (Umluft 180°) vorheizen.

3 Für den Belag die Süßkartoffeln schälen und in ca. 2 mm dünne Scheiben schneiden. Den Ziegenkäse raspeln. Den Ziegenfrischkäse mit Schmant, Pfeffer und Zitronenschale glatt rühren.

4 Die Ziegenfrischkäse-Creme auf den Teigboden streichen. Die Süßkartoffelscheiben darauf verteilen. Den Oregano waschen und trocken tupfen. Die Blättchen abzupfen. Ziegenkäseraspel, Oregano und Pinienkerne auf den Süß-kartoffeln verteilen. Die Tarte mit Salz und Pfeffer würzen und mit Olivenöl beträufeln. Im heißen Backofen (Mitte) in 20–25 Min. knusprig backen.

Clever tauschen

Bereiten Sie den Teig einmal mit **Dinkelmehl** zu! Dinkel ist die Urform von Weizen und enthält deutlich mehr Mineralstoffe und Spurenelemente.

Blitzvariante

Wenn's **noch schneller** gehen soll: 1 Fladenbrot (aus dem türkischen Lebensmittelladen) waagerecht halbieren und den Belag wie im Rezept beschrieben darauf verteilen. Die Backzeit verringert sich dann auf 12–15 Min.

Rote-Linsen-Kokos-Suppe

cremig-würzig │ *Zubereitung: ca. 20 Min.*
Kochen: ca. 25 Min. │ *Pro Portion: ca. 260 kcal*

Für 4 Personen

1 Zwiebel │ 1–2 Knoblauchzehen │ 1 rote
Paprikaschote │ 1 Stange Staudensellerie
1 große Möhre │ 1 Stück frischer Ingwer
(ca. 3 cm) │ 1–2 EL Öl │ 2–3 TL mildes Curry-
pulver │ 175 g rote Linsen │ ca. 700 ml Gemüsebrühe (Instant) │ 400 ml ungesüßte Kokosmilch (aus der Dose) │ 2 EL Zitronensaft │ Salz
Cayennepfeffer │ 2–3 Zweige Thai-Basilikum

1 Zwiebel und Knoblauch schälen und klein
   würfeln. Paprika und Staudensellerie waschen, putzen, klein schneiden. Möhre schälen und würfeln. Ingwer schälen und klein
   würfeln. Das Öl in einem Topf erhitzen.
   Zwiebel, Knoblauch, Ingwer und Currypul-
   ver darin unter Rühren ca. 1 Min. andünsten.

2 Die Linsen in einem Sieb abwaschen, abtropfen lassen und mit Paprika, Sellerie und
   Möhre hinzufügen. Gemüsebrühe und Kokosmilch dazugießen und aufkochen. Alles
   20–25 Min. sanft kochen lassen, bis die Linsen zerfallen sind und das Gemüse weich ist.

3 Suppe mit dem Pürierstab pürieren, nach
   Belieben durch ein feines Sieb passieren.
   Suppe mit Zitronensaft, Salz und Cayennepfeffer würzen. Das Thai-Basilikum waschen
   und trocken schütteln, die Blättchen abzupfen und auf die heiße Suppe streuen.

Indische Variante: Mung-Dal-Suppe

Für 4 Personen │ 1 rote Zwiebel schälen und
klein würfeln. 1 mittelgroße Fenchelknolle
und 1 Stange Lauch waschen, putzen und klein
schneiden, Fenchelgrün beiseitelegen. 1 Stück
frischen Ingwer (ca. 4 cm) schälen, fein hacken.
Je 2 TL fein zerstoßene Fenchel-, Kreuzküm-
mel- und Koriandersamen unter Rühren in
1 EL Öl anrösten, bis sie duften. Ingwer, Zwiebel, Lauch, Fenchel und 150 g rote oder gelbe
Linsen dazugeben und 1–2 Min. andünsten.
1,2 l Gemüsebrühe (Instant) zugeben, aufkochen. Alles bei kleiner Hitze ca. 25 Min. sanft
kochen lassen, bis die Linsen zerfallen sind.
Die Suppe mit Cayennepfeffer, 1–2 EL Zitronensaft und Salz abschmecken. Fenchelgrün
fein hacken und auf die Suppe streuen.

Beilagen-Variante: Linsen-Petersilienwurzel-Püree

Für 4 Personen │ 400 g Petersilienwurzeln
schälen und klein schneiden. 1 Zwiebel und
2–3 Knoblauchzehen schälen, klein würfeln
und in 3 EL Butter glasig dünsten. Petersilienwurzeln, 200 g gelbe Linsen, 1 TL Salz, 600 ml
Gemüsebrühe (Instant) und 1 Lorbeerblatt
dazugeben. Aufkochen und bei kleiner Hitze
20 Min. sanft kochen lassen. Lorbeerblatt entfernen. Die Linsenmischung durchsieben,
Kochflüssigkeit auffangen. Mischung pürieren,
dabei soviel Flüssigkeit zugeben, dass das Püree
cremig wird. Püree mit Salz, Cayennepfeffer
und 1–2 EL Zitronensaft würzen. Es passt zu
allem, wozu sonst Kartoffelpüree gereicht wird,
z. B. zu Weißkohl, Wirsing, Kürbis oder Lauch
– Hauptsache, es ist reichlich Sauce dabei!

Lauchpasta

Italien lässt grüßen!

Für 4 Portionen **400 g kurze Nudeln** (z. B. Penne) in **Salzwasser** bissfest garen. Inzwischen **2 dünne Lauchstangen** putzen und waschen. Grüne und weiße Teile getrennt in feine Ringe schneiden. **50 g Butter** in einem Topf zerlassen, die weißen Lauchringe darin bei kleiner Hitze 5 Min. andünsten. Blättchen von **1 Bund glatter Petersilie** hacken. **150 ml Gemüsebrühe** (Instant) mit **2 Eigelben** verquirlen, mit den Kräutern, grünen Lauchringen und **50 g frisch geriebenem Parmesan** in den Topf geben. Die Nudeln in ein Sieb abgießen und in der heißen Lauchmischung schwenken.

Nudel-Gemüse-Suppe

Die schmeckt Kindern!

Für 4 Portionen **125 g Suppennudeln** (z. B. Sternchen) in **Salzwasser** bissfest garen, abgießen und kalt abschrecken. **1 große Möhre** schälen und in kleine Würfel schneiden, **2 Stangen Staudensellerie** putzen und in dünne Scheiben schneiden. **250 g Brokkoli** in kleine Röschen teilen. **1 l Gemüsebrühe** (Instant) aufkochen, Möhrenwürfel darin 2 Min. kochen lassen. Staudensellerie, Brokkoli und **150 g unaufgetaute TK-Erbsen** hinzufügen und weitere 3 Min. kochen lassen. **1/2 Bund Schnittlauch** waschen, trocken schütteln und in Röllchen schneiden. Nudeln zur heißen Gemüsebrühe hinzufügen und darin erhitzen. Suppe mit Schnittlauch bestreut servieren.

Rührgebratene
Asianudeln

schnelle Küche aus Fernost

Für 4 Portionen **400 g dünne asiatische Eier-nudeln** in **Salzwasser** 1 Min. garen, in ein Sieb abgießen, kalt abschrecken und abtropfen lassen. **200 g Tofu** in Würfel schneiden. **2 grüne Paprikaschoten** putzen, waschen und in Streifen schneiden. **1 Stück frischen Ingwer** (ca. 5 cm) schälen und fein hacken. **2–3 EL Erdnussöl** im Wok oder einer tiefen Pfanne erhitzen. Tofu und Paprikastreifen darin 1 Min. kräftig an-braten. Ingwer, Nudeln, **6–8 EL helle Sojasauce**, **4–5 EL Wasser**, **1 TL Zucker** und **1 TL Sambal Oelek** unterrühren und miterhitzen. 1/2 **Bund Koriandergrün** waschen und trocken schüt-teln, die Blättchen abzupfen. Die Asianudeln mit Korianderblättchen bestreut servieren.

Spaghetti
mit Rucola und Walnüssen

nussig-würzig

Für 4 Portionen **400 g Dinkel- oder Vollkorn-spaghetti** in **Salzwasser** bissfest garen. Inzwi-schen **200 g Rucola** waschen und abtropfen lassen. In einer Pfanne **3 EL Olivenöl** erhitzen, **100 g Walnusskerne** darin bei mittlerer Hitze 2 Min. bräunen. **2 EL Weißweinessig** und **1 EL Ahornsirup oder Honig** dazugeben, Rucola tropfnass hinzufügen und kurz zusammen-fallen lassen. **125 g milden Blauschimmelkäse** klein würfeln. Die Nudeln abgießen und mit den Käsewürfeln in der Rucolamischung kurz schwenken. Mit **Salz** und **Pfeffer** würzen.

Thai-Curry
mit Shiitake und Kürbis

herbstlich-würzige Asia-Küche | *Zubereitung: ca. 30 Min.* | *Pro Portion: ca. 130 kcal*

Für 4 Personen

1 Zwiebel
1–2 Knoblauchzehen
1 Stück frischer Ingwer
 (ca. 3 cm)
2 Stängel Zitronengras
100 g frische Shiitake-Pilze
500 g Hokkaido-Kürbis
150 g Chinakohl
1–2 EL Öl
1–2 EL gelbe Currypaste
 (Asienladen)
400 ml ungesüßte Kokosmilch
 (aus der Dose)
ca. 400 ml Gemüsebrühe
 (Instant)
2–3 EL Limettensaft
2–3 EL Sojasauce
1 EL brauner Zucker
je 2–3 Zweige Thai-Basilikum
 und Thai-Minze

1 Zwiebel, Knoblauch und Ingwer schälen und klein würfeln. Das Zitronengras von den äußeren Blättern befreien und jeweils die untere Hälfte der Stängel in feine Ringe schneiden. Die Pilze putzen, die Stiele entfernen und die Kappen in Streifen schneiden. Den Kürbis in 2 cm große Würfel schneiden. Den Chinakohl putzen und in schmale Streifen schneiden.

2 Das Öl in einem Wok oder in einem großen Topf erhitzen, Zwiebel-, Knoblauch- und Ingwerwürfel sowie die Zitronengrasringe darin unter Rühren 1 Min. anbraten. Currypaste, Kokosmilch und Gemüsebrühe hinzufügen und aufkochen, die Kürbiswürfel dazugeben und 5 Min. kochen lassen. Die Pilze und den Chinakohl hinzufügen und alles weitere 3–5 Min. kochen lassen.

3 Das Curry mit Limettensaft, Sojasauce und Zucker abschmecken. Kräuter waschen und trocken schütteln, die Blättchen abzupfen und über das Curry streuen.

Clever ergänzen

Für die Extraportion Eiweiß passen **Tofuklößchen** prima ins Curry. Dafür 200 g Tofu, 1 Ei, 2–3 EL Weizenvollkornmehl, ca. 2 EL Sojasauce, 1–2 TL gelbe Currypaste und 1 EL gehackte Korianderblättchen im Blitzhacker oder mit dem Pürierstab fein pürieren. Die Masse mit den Händen kräftig verkneten. Mit angefeuchteten Händen walnussgroße Bällchen formen. In siedendem Salzwasser 8–10 Min. garen, mit einer Schaumkelle herausnehmen und unter das Curry mischen.

Clever tauschen

Anstelle von Chinakohl können Sie auch **Mangold** oder **Pak Choi** (Asienladen) nehmen.

Clever servieren

Reichen Sie dazu duftenden **Basmatireis.**

Asia-Linsensalat
mit Tofuspieß

lässt sich prima vorbereiten | *Zubereitung: ca. 50 Min.* | *Marinieren: ca. 30 Min.* | *Pro Portion: ca. 385 kcal*

Für 4 Personen

200 g Puy-Linsen
(kleine grüne Linsen)
Salz | 1 TL Kreuzkümmelsamen
1 TL Koriandersamen
1 Stück frischer Ingwer
(ca. 5 cm)
2 Knoblauchzehen
1 kleine rote Zwiebel
1 kleine rote Chilischote
7 EL Aceto balsamico
7 EL helle Sojasauce
1 EL Tomatenketchup
6 EL Olivenöl
200 g fester Tofu (natur)
2 TL flüssiger Honig
50 g Sprossen (z. B. Radies-
chen- oder Rettichsprossen)
2–3 Zweige Koriandergrün

1 Die Linsen in ein Sieb geben, kalt abwaschen und abtropfen lassen. In leicht gesalzenem Wasser 15–20 Min. kochen lassen, bis sie weich sind, aber noch nicht zerfallen. Linsen erneut in ein Sieb geben, kalt abwaschen und abtropfen lassen.

2 Die Kreuzkümmel- und Koriandersamen in einem Mörser oder mit einem großen Messer grob zerstoßen. Ingwer und Knoblauch schälen und klein würfeln. Die Zwiebel schälen, halbieren und in feine Streifen schneiden. Die Chilischote der Länge nach aufschlitzen, entkernen und klein hacken.

3 Ingwer, Knoblauch, Zwiebel und Chili zusammen mit Kreuzkümmel, Koriander, 50 ml Wasser, 5 EL Balsamico, 5 EL Sojasauce und dem Ketchup in einen Topf geben und alles einmal aufkochen. Die Würzmischung mit den Linsen mischen. 4 EL Olivenöl untermischen und alles zugedeckt 1 Std. durchziehen lassen.

4 Inzwischen den Tofu in kleine Würfel schneiden. Die Würfel auf 4 Spieße stecken und in eine Schale legen. Die restlichen 2 EL Sojasauce, den restlichen Balsamico und den Honig verrühren und über die Spieße träufeln. Die Spieße ca. 30 Min. marinieren.

5 Die Sprossen in ein Sieb geben, kalt abwaschen und abtropfen lassen. Den Koriander waschen, die Blättchen abzupfen und unter den Linsensalat mischen. Die Sprossen untermischen. Den Salat abschmecken und ggf. nachwürzen.

6 Das restliche Olivenöl in einer Pfanne erhitzen. Die Tofuspieße darin von allen Seiten kurz und kräftig anbraten. Auf dem Salat anrichten und sofort servieren.

Gemüsetajine
mit Hirse

Vollwertküche auf marokkanische Art | *Zubereitung: ca. 1 Std.* | *Pro Portion: ca. 335 kcal*

Für 4 Personen

1 Stange Lauch
1 grüne Paprikaschote
500 g reife Tomaten
250 g grüne Bohnen
2 rote Zwiebeln
1–2 Knoblauchzehen
150 g ungeschälte
  gelbe Erbsen
800–900 ml Gemüsebrühe
  (Instant)
6 getrocknete Aprikosen
je 1 TL Zimt- und Ingwerpulver
1 TL Cayennepfeffer
je 1 TL Kreuzkümmel- und
  Schwarzkümmelsamen
2 TL Honig
2–3 EL Zitronensaft
200 g Hirse
1 Lorbeerblatt
1 TL gemahlene Kurkuma
  (Gelbwurz)
1/2 Bund Minze

1 Das Gemüse waschen und putzen. Den Lauch in breite Scheiben, die Paprika in Streifen schneiden. Die Tomaten mit kochendem Wasser überbrühen, häuten, entkernen und grob hacken. Die Bohnen nach Belieben halbieren. Zwiebeln und Knoblauch schälen, die Zwiebeln in Spalten schneiden, den Knoblauch klein würfeln.

2 Die Erbsen in ein Sieb geben, kalt abwaschen und in einen Topf geben. 400 ml Brühe, Knoblauch und Zwiebeln dazugeben und alles aufkochen lassen. Unter gelegentlichem Umrühren 20 Min. sanft kochen lassen. Inzwischen die Aprikosen halbieren.

3 Nach 20 Min. Aprikosen, Lauch, Paprika, Tomaten und Bohnen sowie die Gewürze, den Honig und den Zitronensaft hinzufügen. Alles 15–20 Min. sanft weiterkochen lassen. Falls nötig, noch etwas Gemüsebrühe angießen.

4 Inzwischen 400 ml Gemüsebrühe in einem zweiten Topf aufkochen, die Hirse hineinschütten, Lorbeerblatt und Kurkuma dazugeben. Die Hirse bei kleiner Hitze 10 Min. ausquellen lassen, das Lorbeerblatt entfernen.

5 Die Minze waschen und trocken schütteln, die Blättchen abzupfen und über die Tajine streuen. Die Gemüsetajine mit der gelben Hirse servieren.

Clever servieren
Dazu schmeckt ein säuerlicher **Joghurtdip:** 200 g Naturjoghurt cremig rühren und mit 1 EL Zitronensaft, 1 TL Kreuzkümmelsamen, Salz und Pfeffer abschmecken.

Graupen-Risotto
mit Rote-Bete-Chips

farbenfroher Gaumenschmeichler | *Zubereitung: ca. 45 Min.* | *Pro Portion: ca. 530 kcal*

Für 4 Personen

Für das Graupen-Risotto:

2 mittelgroße Rote Beten
  (ca. 500 g)
1 Schalotte
2 EL Olivenöl
250 g Perlgraupen (grober
  Gerstengrieß, Supermarkt)
1 TL Thymianblättchen
1 Lorbeerblatt
2 Gewürznelken
100 ml Weißwein
  (oder Gemüsefond und
  1 EL Zitronensaft)
ca. 800 ml Gemüsefond
  (aus dem Glas)
1 EL Zitronensaft
Salz | Pfeffer
100 g würziger Schaf-Hartkäse
  (z. B. Pecorino)

Für die Rote-Bete-Chips:

1/2 l Öl zum Frittieren
1 mittelgroße Rote Bete
Meersalz

1 Für den Risotto die Roten Beten schälen und in sehr kleine Würfel schneiden. Schalotte schälen, klein würfeln und im heißen Öl glasig dünsten. Rote-Bete-Würfel, Graupen, Thymian, Lorbeer und Gewürznelken hinzufügen. 2 Min. unter Rühren andünsten.

2 Den Weißwein angießen und einkochen lassen, dann mit Gemüsefond aufgießen. Graupen bei kleiner Hitze offen ca. 12 Min. sanft kochen lassen, bis sie gar sind. Lorbeer und Gewürznelken herausnehmen. Risotto kräftig mit Zitronensaft, Salz und Pfeffer abschmecken.

3 Für die Rote-Bete-Chips das Öl zum Frittieren in einem hohen Topf erhitzen. Die Temperatur ist richtig, wenn an einem eingetauchten Holzspieß kleine Blasen aufsteigen. Rote Bete gründlich abbürsten, putzen und in 1 mm feine Scheiben hobeln. Die Scheiben mit einer Schaumkelle ins heiße Öl geben und in 1–2 Min. knusprig ausbacken. Mit einer Schaumkelle herausheben, auf Küchenpapier abtropfen lassen und mit Meersalz bestreuen.

4 Den Risotto auf vorgewärmten Tellern anrichten. Den Käse darüberhobeln und die Chips daraufgeben.

Clever tauschen

Wie wäre es mal mit einem kernigen **Grünkern-Risotto?** Grünkern ist unreif geernteter und anschließend gedarrter (gerösteter) Dinkel. Das auch »Schwabenkorn« genannte Getreide erhält durch das Rösten ein fein-nussiges Aroma. Die Garzeit der grünen Körner verlängert sich auf insgesamt 40–45 Min., daher die Rote-Bete-Würfel erst nach 20 Min. hinzufügen.

Kohlrouladen mit Steinpilz-Kartoffelpüree

kernig-deftig | *Zubereitung: ca. 1 Std. 30 Min.* | *Einweichen: 24 Std.* | *Pro Portion: ca. 625 kcal*

Für 4 Personen

Für die Kohlrouladen:

100 g Dinkelkörner | Salz
8 große Weißkohlblätter
50 g Haselnusskerne
1 kleine Zwiebel
1 Knoblauchzehe
2 EL Olivenöl
100 g Schafkäse (Feta)
1/2 Bund glatte Petersilie
1 TL Thymianblättchen
1 Ei (Größe M) | Pfeffer
200 ml Gemüsebrühe (Instant)
100 g Crème fraîche

Für das
Steinpilz-Kartoffelpüree:

800 g mehlig kochende
   Kartoffeln
10 g getrocknete Steinpilze
1/8 l Milch | 50 g Butter
Salz | Pfeffer
Muskatnuss, frisch gerieben

Außerdem:

Küchengarn

Clever zubereiten

Große Blätter lassen sich leicht
vom Kohlkopf ablösen, wenn Sie
den Kohl um den Strunk herum
einschneiden.

1 Für die Rouladen Dinkel über Nacht kalt einweichen. Am
nächsten Tag im Einweichwasser mit etwas Salz aufkochen
und 20 Min. kochen lassen. Neben dem Herd 40 Min. quellen lassen. In ein Sieb abgießen, abtropfen lassen. Inzwischen
in einem großen Topf Salzwasser aufkochen. Die Kohlblätter
2–3 Min. darin blanchieren. In einem Sieb kalt abschrecken,
abtropfen lassen. Blätter nebeneinander auf der Arbeitsfläche ausbreiten, dicke Rippen flach schneiden.

2 Haselnusskerne grob hacken, ohne Fett kurz anrösten, zum
Dinkel geben. Zwiebel und Knoblauch schälen und klein würfeln. Im Öl 3–4 Min. andünsten. Schafkäse zerkrümeln, mit
Zwiebel und Knoblauch zum Dinkel geben. Die Petersilie
waschen, trocken schütteln, Blättchen hacken und mit dem
Thymian und dem Ei zur Dinkelfüllung geben. Alles gut ver-
mengen und herzhaft mit Salz und Pfeffer würzen. Jeweils
1 geh. EL Füllung auf die Kohlblätter geben. Die Blattränder
seitlich einschlagen, dann die Kohlblätter mit der Füllung
aufrollen und mit Küchengarn umwickeln.

3 Ofen auf 180° (Umluft 160°) vorheizen. Kohlrouladen mit
der »Naht« nach unten in eine Auflaufform setzen, Brühe angießen. Rouladen im heißen Ofen (Mitte) 20–25 Min. garen.

4 Für das Püree Kartoffeln schälen und zerkleinern. Pilze nach
Belieben etwas kleiner schneiden. Beides in kochendem Salzwasser in 15–20 Min. weich kochen. Abgießen, etwas Kochflüssigkeit auffangen. Milch erwärmen. Kartoffeln und Pilze
mit dem Kartoffelstampfer zerdrücken, Milch und Butter
unterrühren. Kochflüssigkeit einrühren, bis das Püree schön
cremig ist. Püree mit Salz, Pfeffer und Muskat abschmecken.

5 Kohlrouladen aus der Auflaufform nehmen, Kochflüssigkeit
mit Crème fraîche verquirlen und nach Belieben leicht nachwürzen. Kohlrouladen sofort mit Sauce und Püree servieren.

Gebackene Käseknödel
mit Pilzen

herzhaftes Herbstvergnügen | *Zubereitung: ca. 40 Min.* | *Pro Portion: ca. 530 kcal*

Für 4 Personen

250 ml Milch
200 g Brötchen vom Vortag
1 Zwiebel
ca. 5 EL Butter
1 Bund glatte Petersilie
125 g Bergkäse oder
   Emmentaler
2 Eier (Größe M)
Salz | Pfeffer
Muskatnuss, frisch gerieben
500 g frische Waldpilze
   (z. B. Pfifferlinge, Steinpilze,
   Maronen)
2 EL Olivenöl

1 Für die Käseknödel die Milch aufkochen. Die Brötchen in sehr dünne Scheiben schneiden oder würfeln und in eine Schüssel geben. 200 ml Milch über die Brötchenwürfel gießen. Die Schüssel mit einem Topfdeckel oder Klarsichtfolie abdecken (so können die Brötchenwürfel am besten durchweichen). Die Brötchen ca. 10 Min. durchziehen lassen. Die Scheiben müssen ganz durchweicht sein, ggf. noch restliche lauwarme Milch untermischen.

2 Inzwischen die Zwiebel schälen, klein würfeln und in 1 EL Butter glasig dünsten. Petersilie waschen und trocken schütteln, die Blättchen fein hacken. Käse fein würfeln.

3 Zwiebel, die Hälfte der Petersilie, Käse und Eier unter die Brötchenmasse mischen, alles mit Salz, Pfeffer und Muskat würzen. Aus der Masse mit angefeuchteten Händen kleine Frikadellen formen.

4 Inzwischen die Pilze gründlich putzen und in Scheiben schneiden. In einer weiten Pfanne das Olivenöl und 2 EL Butter erhitzen. Die Pilze darin kräftig anbraten und mit Salz, Pfeffer und restlicher Petersilie würzen.

5 Die Käseknödel in einer Pfanne in der restlichen Butter von beiden Seiten in je 2–3 Min. knusprig braten. Mit den heißen Pilzen servieren.

Clever tauschen
Statt der Waldpilze können Sie auch **500 g Champignons, Austernpilze** oder **400 g Shiitake-Pilze** nehmen.

Kürbispuffer

Kürbis mal knusprig
Zubereitung: ca. 35 Min. | *Pro Portion: ca. 440 kcal*

Für 4 Personen

Für den Kressedip:

2 Frühlingszwiebeln | 250 g Quark (20 % Fett)
150 g Naturjoghurt | Salz | Pfeffer
2–3 TL Zitronensaft | 1 Kästchen Kresse

Für die Kürbispuffer:

500 g Kürbis (z. B. Muskatkürbis, Butternut)
1/2 Bund glatte Petersilie | 75 g Emmentaler,
frisch gerieben | 1 Ei | 1–2 EL Mehl | Salz
Pfeffer | Muskatnuss, frisch gerieben
4–6 EL Butterschmalz

1 Frühlingszwiebeln putzen und waschen.
Weiße Teile fein hacken, grüne in Röllchen
schneiden. Mit Quark und Joghurt verrühren.
Mit Salz, Pfeffer und Zitronensaft würzen.
Kresse vom Beet schneiden und unterrühren.

2 Für die Puffer Kürbis schälen und putzen.
Kürbisfleisch grob raffeln. Petersilie waschen,
trocken schütteln, Blättchen fein hacken.
Käse, Ei, Petersilie und 1 EL Mehl unterrühren. Mit Salz, Pfeffer und Muskat pikant würzen. Falls zu wässrig, 1 EL Mehl unterrühren.

3 Jeweils etwas Butterschmalz in einer Pfanne
erhitzen, je 1 geh. EL Kürbismasse hineingeben, leicht flach drücken. Puffer beidseitig
in 2–3 Min. knusprig braten, auf Küchenpapier abtropfen lassen. Die ganze Masse so
verarbeiten. Die Puffer mit Dip servieren.

Kartoffelrösti
mit Apfelkompott

schmeckt nicht nur Kindern
Zubereitung: ca. 35 Min. | *Pro Portion: ca. 450 kcal*

Für 4 Personen

Für das Apfelkompott:

1 Bio-Zitrone | 750 g säuerliche Äpfel
(z. B. Cox orange oder Boskoop)
150 ml Apfelsaft oder Wasser | ca. 50 g Zucker

Für die Kartoffelrösti:

800 g möglichst große Kartoffeln | Salz
Pfeffer | 4–6 EL Butterschmalz

1 Für das Kompott Zitrone heiß waschen, abtrocknen, 5 cm lange Schale abschälen, Saft
auspressen. Äpfel schälen, vierteln, entkernen und die Viertel in Spalten schneiden.

2 Apfelsaft oder Wasser erhitzen, Zucker, Zitronensaft und -schale sowie Apfelstücke zugeben. Äpfel zugedeckt in 6–8 Min. weich
dünsten, ab und zu umrühren. Das Kompott
etwas abkühlen lassen.

3 Kartoffeln schälen und grob raffeln. Raspel
ausdrücken und in einer Schüssel salzen und
pfeffern. In einer Pfanne etwas Butterschmalz
erhitzen, jeweils 1 geh. EL Röstimasse hineingeben und leicht flach drücken. Rösti beidseitig in 2–3 Min. goldgelb und knusprig braten. Herausnehmen, auf Küchenpapier abtropfen lassen. Die ganze Masse so verarbeiten. Die Rösti heiß mit dem Kompott essen.

Dampfnudeln
mit Zwetschgenkompott

herbstliche Kindheitserinnerung
Zubereitung: ca. 1 Std. 30 Min. | Backen: ca. 30 Min. | Pro Stück: ca. 350 kcal

Für ca. 12 Stück

Für die Dampfnudeln:

500 g Mehl (+ Mehl für die Arbeitsfläche)
1 Würfel Hefe (42 g)
60 g Zucker | 325–350 ml Milch
125 g Butter | 2 Eier (Größe M) | Salz

Für das Zwetschgenkompott:

800 g Zwetschgen | 100 g Zucker
1/8 l Rotwein oder Wasser | 1 Zimtstange

1 Für den Hefeteig Mehl in eine Schüssel geben, in die Mitte eine Mulde drücken und die Hefe hineinbröckeln. 1 EL Zucker darüberstreuen. 100 ml Milch lauwarm erwärmen. Hefe mit der lauwarmen Milch und etwas Mehl vom Rand zu einem Vorteig verrühren. Teig mit einem Küchentuch bedeckt an einem warmen Platz 15 Min. gehen lassen.

2 75 ml Milch erwärmen. Mit 75 g weicher Butter, den Eiern und 1/2 TL Salz zum gegangenen Vorteig geben. Zuerst mit den Knethaken des Handrührgeräts, dann mit den Händen einen elastischen Hefeteig kneten. Falls nötig, noch 1–2 EL Milch unterkneten. Zugedeckt weitere ca. 45 Min. an einem warmen Ort gehen lassen, bis sich das Teigvolumen verdoppelt hat.

3 Inzwischen für das Zwetschgenkompott die Zwetschgen waschen, trocken tupfen, halbieren und entkernen. In einem weiten Topf Zucker bei kleiner Hitze zu einem hellbraunen Karamell schmelzen lassen, mit Wein oder Wasser ablöschen und den Karamell loskochen. Die Zwetschgenhälften und die Zimtstange hinzufügen. Die Zwetschgen in 5–7 Min. weich dünsten, dabei zwischendurch umrühren. Die Zwetschgen herausheben und beiseitestellen. Flüssigkeit sirupartig einkochen lassen, dann wieder mit den Zwetschgen mischen. Zimtstange entfernen.

4 Den gegangenen Hefeteig auf der bemehlten Arbeitsfläche 2–3 cm dick ausrollen. Mit einem Glas runde Küchlein daraus ausstechen, diese 10 Min. gehen lassen. Den Backofen auf 225° (Umluft 200°) vorheizen.

5 In einem schweren, weiten Topf mit Deckel (ersatzweise einen Bräter nehmen) die restliche Milch, restliche Butter und restlichen Zucker sowie 2 Prisen Salz erhitzen. Die ausgestochenen Küchlein nebeneinander in die heiße Milch hineinlegen, Topf mit Deckel verschließen. Im heißen Backofen (Mitte) ca. 30 Min. backen. Die Dampfnudeln mit dem Kompott anrichten.

Quittencrumble

am besten lauwarm | *Zubereitung: ca. 25 Min.* | *Pro Portion: ca. 395 kcal*

Für 4 Personen

60 g Walnusskerne
60 g grobe Haferflocken
60 g brauner Zucker
1 TL Zimtpulver
60 g Butter
2 Quitten (ca. 500 g)
8–10 EL Ahornsirup
2 Lorbeerblätter
1/4 l Apfelsaft

1 Für die Streusel die Walnusskerne grob hacken. Die Walnüsse, die Haferflocken und den braunen Zucker mit dem Zimt und 40 g Butter in einer Pfanne ca. 5 Min. erhitzen, bis die Masse knusprig wird und karamellisiert. Masse auf einen Teller geben.

2 Die Quitten mit einem Tuch abreiben, um den Flaum zu entfernen. Dann die Quitten quer in ca. 1 cm dicke Scheiben schneiden, dabei das Kerngehäuse herausschneiden.

3 Die restliche Butter in zwei Pfannen erhitzen. Die Quittenscheiben hineingeben und von beiden Seiten je 2 Min. langsam anbraten. Ahornsirup und Lorbeerblätter hinzufügen. Die Quitten kurz karamellisieren lassen, dann den Apfelsaft dazugießen. Alles 6–8 Min. offen einkochen lassen, bis die Quitten weich, aber noch in Form sind.

4 Die Lorbeerblätter aus den Pfannen nehmen. Die Quittenscheiben samt eingekochtem Sud abwechselnd mit der Streuselmasse auf Teller schichten und servieren.

Clever servieren

Reichen Sie zum Quittencrumble 200 g **halbsteif geschlagene Sahne**, mit 1 Päckchen **Bourbon-Vanillezucker** gesüßt.

Clever variieren

Statt mit Quitten können Sie diesen herrlichen Nachtisch im Herbst auch mit **Äpfeln oder Birnen** zubereiten. Diese dann nur ganz kurz andünsten, da sie schneller weich sind. Im Sommer streuen Sie die knusprigen Streusel über kurz angebratene oder gedünstete **Pfirsich-, Nektarinen-** oder **Aprikosenhälften.**

Winterrezepte

Nach einem langen Spaziergang in der winterlichen Kälte geht nichts über ein herzhaftes warmes Essen zu Hause. Auch ohne Speck & Co. geht's ordentlich deftig zu – überzeugen Sie sich selbst!

Für 4 Personen

Für das Gemüse:

2 mittelgroße Rote Beten
1 große Pastinake
4 Petersilienwurzeln
8 dünne Möhren
je 1 geh. TL Piment-, Koriander- und schwarze Pfefferkörner
3–4 kleine Zweige Thymian
5 EL Olivenöl | Salz
1 geh. EL würziger Honig
2 EL Weißweinessig

Für den Dip:

100 g kräftiger Blauschimmel- käse (z. B. Roquefort, St. Agur)
1 Schalotte
200 g Schmant
Salz | Pfeffer

Karamellisiertes Gemüse

gesunder Snack | *im Bild links*
Zubereitung: ca. 20 Min. | *Garen: ca. 35 Min.* | *Pro Portion: ca. 430 kcal*

1 Den Backofen auf 225° (Umluft 200°) vorheizen. Alle Ge- müsesorten putzen und schälen. Rote Beten in dicke Spalten schneiden. Die Pastinake längs vierteln, Petersilienwurzeln und Möhren halbieren.

2 Gewürzkörner in einem Mörser grob zerstoßen. Thymian- zweiglein waschen und trocken schütteln. Gemüse auf ein Backblech geben, mit Öl, Gewürzen, Thymian und gut 1/2 TL Salz mischen. Im heißen Ofen (Mitte) 30–35 Min. garen, bis das Gemüse gut gebräunt und knusprig ist, zwi- schendurch 1–2 Mal wenden. 5 Min. vor Ende der Garzeit Honig und Essig verrühren und über das Gemüse träufeln.

3 Für den Dip den Blauschimmelkäse in einer Schüssel mit einer Gabel zerdrücken. Die Schalotte schälen und klein würfeln und mit dem Schmant zum Käse geben. Alles ver- mischen und mit Salz und Pfeffer abschmecken. Den Dip zum karamellisierten Gemüse servieren.

Lauchgratin
mit Brotkruste

herzhafter Snack | *Zubereitung: ca. 35 Min.*
Garen: ca. 25 Min. | *Pro Portion: ca. 420 kcal*

Für 4 Personen

800 g Lauch
1/4 l Gemüsebrühe (Instant)
250 g Sojasahne | 3 Eier (Größe M)
75 g Parmesan, frisch gerieben
Salz | Pfeffer
Muskatnuss, frisch gerieben
2 EL Haselnusskerne | 2 EL Butter
200 g Brot (z. B. Sauerteigbrot)

1 Den Lauch putzen, gründlich waschen und in fingerdicke Ringe schneiden. Die Gemüsebrühe aufkochen. Die Lauchringe darin zugedeckt 5 Min. dünsten. In ein Sieb abgießen und gut abtropfen lassen, dabei die Gemüsebrühe auffangen.

2 100 ml von der aufgefangenen Gemüsebrühe mit Sojasahne, Eiern, Parmesan, Salz, Pfeffer und Muskat verquirlen. Die Haselnusskerne grob hacken. Den Backofen auf 200° (Umluft 180°) vorheizen.

3 Eine ofenfeste Form buttern und die Lauchringe hineingeben. Die Haselnusskerne daraufstreuen. Das Brot in dünne Scheiben schneiden und fächerartig daraufschichten. Die Sojasahne-Mischung darübergießen. Die restliche Butter in Flöckchen darauf verteilen. Lauchgratin im heißen Backofen (Mitte) in 20–25 Min. goldbraun backen.

Schwarzwurzeln
mit Hirsekruste

knuspriges Wintervergnügen | *Zubereitung: ca. 45 Min.*
Garen: ca. 25 Min. | *Pro Portion: ca. 330 kcal*

Für 4 Personen

2–3 EL Essig | 1,5 kg Schwarzwurzeln | Salz
100 g Hirse | 300 ml Gemüsebrühe (Instant)
1/2 Bund glatte Petersilie | 4 EL Sahne
1 TL getrockneter Thymian | 50 g Emmentaler
oder Greyerzer, frisch gerieben
3 EL Sonnenblumenkerne | Pfeffer | 2 EL Butter

1 In einer Schale Wasser und Essig mischen. Schwarzwurzeln unter fließend kaltem Wasser schälen – am besten mit Haushaltshandschuhen, da die austretende »Wurzelmilch« die Hände verklebt. Stangen sofort nach dem Schälen ins Essigwasser geben. Reichlich Salzwasser aufkochen. Schwarzwurzeln darin in 10–12 Min. bissfest kochen, herausnehmen und abtropfen lassen.

2 Für die Hirsekruste die Hirse in der Brühe 10 Min. kochen, dann in einem Sieb abtropfen lassen. Ofen auf 200° (Umluft 180°) vorheizen. Petersilie waschen, trocken schütteln, Blättchen abzupfen, klein hacken. Hirse, Sahne, Petersilie, Thymian, Käse und Sonnenblumenkerne mischen, salzen und pfeffern.

3 Eine ofenfeste Form buttern und die gut abgetropften Schwarzwurzeln hineinlegen. Hirsemischung darauf verteilen. Restliche Butter in Flöckchen darübergeben. Schwarzwurzeln im heißen Ofen (Mitte) 20–25 Min. backen.

links: Lauchgratin mit Brotkruste | rechts: Schwarzwurzeln mit Hirsekruste

Bulgursalat mit
Fenchel und Orangen

gut vorzubereiten | *Zubereitung: ca. 35 Min.*
Marinieren: mind. 2 Std. | *Pro Portion: ca. 400 kcal*

Für 4 Personen

250 g Bulgur (türk. Lebensmittelladen) | Salz
6 EL Olivenöl | 1 Fenchelknolle | 1/2 Salat-
gurke | 1 kleine Zwiebel | 1 Bund Minze
1 Bund glatte Petersilie | 2 Bio-Zitronen
2 Bio-Orangen | 50 g Korinthen | Pfeffer

1 Bulgur in kochendem Salzwasser 6–8 Min.
kochen, auf einem Sieb abtropfen lassen. Mit
2 EL Olivenöl, 1 TL Salz und 200 ml kaltem
Wasser mischen und 20 Min. quellen lassen.

2 Fenchel waschen, putzen und ohne Strunk
in sehr dünne Streifen schneiden. Gurke
waschen, putzen, fein würfeln. Zwiebel schälen, klein würfeln. Kräuter waschen, trocken
schütteln, Blätter hacken.

3 Zitronen und Orangen heiß abwaschen und
abtrocknen. Schale fein abreiben, Saft auspressen. Orangen mit der weißen Haut dick
abschälen. Filets zwischen den Trennwänden
herauslösen, dabei den Saft auffangen.

4 Saft und abgeriebene Schale, Fenchel, Gurke,
Zwiebelwürfel, Kräuter, restliches Olivenöl
und Korinthen zum gequollenen Bulgur
geben, untermischen und pfeffern. Den Salat
mind. 2 Std., am besten über Nacht im Kühlschrank durchziehen lassen. Vor dem Servieren noch einmal abschmecken.

Rotkohlsalat
mit Granatapfel

voller Vitalstoffe | *Zubereitung: ca. 30 Min.*
Marinieren: ca. 2 Std. | *Pro Portion: ca. 160 kcal*

Für 4 Personen

500 g Rotkohl | Salz | 1 Granatapfel
50 ml Himbeeressig | 4 EL Orangensaft
1 EL Johannisbeergelee
Pfeffer | 2 EL Haselnussöl
2 EL Sonnenblumenöl
2 EL Haselnusskerne

1 Vom Rotkohl die äußeren Blätter entfernen,
Rotkohl vierteln und den Strunk herausschneiden. Rotkohl in sehr feine Streifen
schneiden. In eine Schüssel geben und mit
1/2 TL Salz bestreuen. Den Rotkohl mit den
Händen tüchtig durchkneten, sodass er weicher wird. Granatapfel halbieren, die Kerne
herauslösen, dabei den Saft auffangen.

2 Für die Salatsauce Essig, Orangensaft, Gra-
natapfelsaft, Gelee, 1/4 TL Salz und Pfeffer
verrühren. Beide Öle mit dem Schneebesen
unterschlagen. Sauce mit dem Rotkohl und
den Granatapfelkernen mischen. Salat zugedeckt 1–2 Std. durchziehen lassen.

3 Die Haselnüsse in einer Pfanne ohne Fett
ca. 5 Min. leicht anrösten, bis sie zu duften
und bräunen anfangen. Die Nüsse abkühlen
lassen und mit einem großen Messer grob
hacken. Den Salat abschmecken, bei Bedarf
nachwürzen und mit den Haselnüssen bestreut servieren.

Überbackenes Brot
mit Apfel und Ziegenkäse

---

süß-säuerlich

Für 4 Portionen **4 Scheiben Sauerteigbrot** mit
4 TL Butter dünn bestreichen. Den Backofengrill vorheizen. **2 rotbackige Äpfel** waschen,
trocken tupfen, entkernen und in dünne Ringe
schneiden. Äpfel auf den Brotscheiben verteilen. **8 Scheiben Ziegenkäserolle** (je knapp 1 cm
dick) darauflegen. Mit **8 TL braunem Zucker**
und **1–2 TL getrocknetem Thymian** bestreuen.
Unter dem heißen Backofengrill in 30–60 Sek.
goldbraun überbacken.

Gemüse-Sprossen-
Wraps

---

gesundes Fastfood

Für 4 Portionen **1 Minigurke** waschen und in
lange Stifte schneiden. **1 gelbe Paprikaschote**
waschen, putzen und in Streifen schneiden.
1 große Möhre schälen, grob raspeln und
mit **1 EL Zitronensaft** und **1 EL Olivenöl** vermischen, mit **Salz** und **Pfeffer** abschmecken.
4 EL Alfalfa-Sprossen kalt abwaschen und
abtropfen lassen. **4 geh. EL Schmant** mit **Salz**
und **Pfeffer** würzen. **4 Tortillafladen** (Fertigprodukt aus dem Supermarkt) damit bestreichen, mit **4 Blättern Eisbergsalat,** Möhren,
Paprika, Gurken, Sprossen und **2 EL abgetropften Maiskörnern** (aus der Dose) belegen.
Das untere Ende des Fladens etwas über die
Füllung schlagen, aufrollen.

Pfannkuchen
mit Avocado-Dip

Soulfood gegen den Winterblues

Für 4 Portionen **2 reife Avocados** halbieren und entkernen. Fruchtfleisch herauslösen und in einem Rührbecher mit **4 EL Zitronensaft**, **1/2 TL Salz** und **Cayennepfeffer** pürieren. **100 g saure Sahne** und **2 EL Schnittlauchröllchen** unterrühren. Für die Pfannkuchen **200 g Vollkornmehl**, **1 TL Backpulver**, **2 EL Sesamsamen**, **4 Eier (Größe M)**, **1/4 l Milch** und **1/4 l Mineralwasser** glatt rühren. Teig **salzen** und **pfeffern**. In einer Pfanne jeweils etwas **Butterschmalz** erhitzen, eine halbe Suppenkelle Teig hineingeben, einen Pfannkuchen daraus backen. Diesen wenden, wenn die Unterseite leicht knusprig ist. Den ganzen Teig so verarbeiten. Die Pfannkuchen mit Avocado-Dip servieren.

Panini mit getrockneten
Tomaten und Feta

---
mittelmeerwürzig

Für 4 Portionen **4 Ciabatta-Brötchen** aufschneiden, mit **4 EL schwarzer Tapenade** (Olivenpaste aus dem Glas) bestreichen, mit **4 gewaschenen, klein gezupften Blättern Römersalat** belegen. **12 getrocknete Tomaten in Öl** abtropfen lassen, auf den Brötchen verteilen, mit **4 dünnen Scheiben Schafkäse** (Feta; je 60 g) belegen. Mit **Pul biber** (türk. Plättchenpaprika; ersatzweise Cayennepfeffer) nach Geschmack schärfen. Obere Brötchenhälften wieder auflegen.

Scharfe Pasta
mit Rosenkohl, Chili und Knoblauch

einfach schnell
Zubereitung: ca. 25 Min. | Pro Portion: ca. 510 kcal

Für 4 Personen

300 g Rosenkohl | 2–3 Knoblauchzehen
2–3 kleine rote Chilischoten | 1/2 Bund glatte
Petersilie | Salz | 400 g kurze Nudeln
(z. B. Farfalle, Penne oder Orecchiette)
4 EL Olivenöl | 2–3 EL frisch geriebener
Parmesan oder Pecorino

1 Rosenkohl putzen, äußere Blätter entfernen, dann die Rosenkohlblätter einzeln ablösen. Knoblauch schälen und in Scheibchen schneiden. Chilis längs aufschlitzen, entkernen, klein hacken. Petersilie waschen, trocken schütteln, Blätter in Streifen schneiden.

2 In einem großen Topf reichlich Salzwasser aufkochen. Die Nudeln darin nach Packungsanweisung bissfest garen.

3 Inzwischen das Öl in einer Pfanne erhitzen, Knoblauch und Chilis darin ganz kurz andünsten und herausnehmen. Die Rosenkohlblätter ins verbleibende Öl geben und unter Rühren 2–3 Min. anbraten. Knoblauch-Chili-Mischung und Petersilie unterrühren. Die Nudeln abgießen, abtropfen lassen und unter die heiße Rosenkohl-Mischung rühren. Sofort auf vorgewärmten Tellern anrichten und mit Käse bestreut servieren.

Frühlings-Variante: Zitronen-Pasta

Für 4 Personen | 300 g Zuckerschoten putzen. 400 g kurze Nudeln bissfest garen, dabei die Zuckerschoten zum Schluss noch 1 Min. mitkochen lassen. Nudeln und Zuckerschoten abgießen, kalt abschrecken und abtropfen lassen. 1 Bio-Zitrone waschen, trocken tupfen, die Schale abreiben und den Saft auspressen. 1 Schalotte schälen, klein würfeln und in 4 EL Olivenöl glasig dünsten. Zitronensaft und -schale dazugeben. Nudeln und Zuckerschoten untermischen. Alles unter Rühren erhitzen, salzen und kräftig pfeffern. 1/2 Bund Estragon oder Kerbel hacken und untermischen. Die Zitronen-Pasta mit frisch geriebenem Parmesan bestreut servieren.

Sommer-Variante: Würzige Oliven-Pasta

Für 4 Personen | 400 g kurze Nudeln bissfest garen, kalt abschrecken und abtropfen lassen. Während die Nudeln kochen, 2 EL Olivenöl in einer Pfanne erhitzen, 6 EL frisch geriebenes Weißbrot darin unter Wenden goldgelb braten, herausnehmen. Pfanne säubern, 1 EL Olivenöl darin erhitzen. 2–3 geschälte, in feine Scheiben geschnittene Knoblauchzehen darin ganz kurz goldgelb anschwitzen, 1 geh. EL frische Rosmarinnadeln, 2 TL frisch abgeriebene Bio-Zitronenschale und 125 g schwarze Oliven hinzufügen. 2–3 Min. unter Wenden erhitzen. Nudeln untermischen und alles zusammen erhitzen, salzen und kräftig pfeffern. Mit den Weißbrotbröseln vermischen und sofort servieren.

Überbackene Spinatspätzle
mit Zwiebelschmelze

Klassiker in Grün | *Zubereitung: ca. 1 Std.* | *Garen: ca. 25 Min.* | *Pro Portion: ca. 650 kcal*

Für 4 Personen

100 g aufgetauter, gehackter TK-Spinat
3 Eier (Größe M) | Salz
Muskatnuss, frisch gerieben
325–350 g Mehl
2 große Zwiebeln
60 g Butter (+ Butter für die Form)
150 g Emmentaler

1 Für die Spinatspätzle Spinat, Eier, 150 ml lauwarmes Wasser, 1 TL Salz und Muskat verrühren. 325 g Mehl dazugeben und mit den Knethaken des Handrührgeräts kräftig zu einem glatten, zähen Teig verrühren. Falls nötig, noch etwas Mehl unterrühren. Teig 30 Min. ruhen lassen.

2 Inzwischen die Zwiebeln schälen und in feine Ringe schneiden. Butter in einer Pfanne erhitzen, Zwiebeln darin bei kleiner Hitze in 10–15 Min. langsam bräunen, ab und zu wenden. Den Käse reiben.

3 Reichlich Salzwasser in einem großen Topf aufkochen. Den Teig portionsweise durch die Spätzlepresse in das kochende Wasser drücken. Die Spätzle sind gar, wenn sie an der Oberfläche schwimmen. Spätzle mit einer Schaumkelle herausnehmen, kurz in kaltem Wasser abschrecken, dann in ein Sieb geben und gut abtropfen lassen.

4 Den Backofen auf 200° (Umluft 180°) vorheizen. Die Hälfte der Spätzle in eine gebutterte Auflaufform geben, mit der Hälfte des Käses bestreuen, restliche Spätzle daraufgeben. Alles mit restlichem Käse bedecken. Auflauf im heißen Ofen (Mitte) 20–25 Min. überbacken, bis der Käse leicht gebräunt ist. Zwiebel-Butter-Mischung darauf verteilen und Spätzle weitere 5 Min. überbacken.

Blitzvariante

Wenn mal nicht viel Zeit zum Kochen ist, einfach **400 g getrocknete Eierspätzle** nach Packungsanweisung bissfest garen oder **800 g frische Eierspätzle** aus dem Kühlregal verwenden.

Clever genießen

Dazu passt ein frischer **Waldorfsalat:** Für 4 Portionen 100 g Salatmayonnaise und 100 g Naturjoghurt mit je 2 EL Orangen- und Zitronensaft verrühren, mit 1 Prise Zucker, Salz und Pfeffer abschmecken. 300 g Knollensellerie schälen, grob raffeln und sofort mit der Salatsauce verrühren. 1 großen Apfel waschen, abtrocknen, vierteln, entkernen und in dünne Scheiben schneiden. Diese zusammen mit 2 EL gehackten Walnusskernen unter den Sellerie mischen. Salat 30 Min. zugedeckt im Kühlschrank durchziehen lassen.

Rote-Bete-Eintopf mit Meerrettichcreme

für Suppen-Fans | *Zubereitung: ca. 20 Min.*
Kochen: ca. 45 Min. | *Pro Portion: ca. 240 kcal*

Für 4 Personen

500 g Kartoffeln
2 mittelgroße Rote Beten
250 g Möhren | 1 Zwiebel | 1 EL Öl
ca. 1,2 l kräftige Gemüsebrühe (Instant)
2 Lorbeerblätter | 3 Pimentkörner
1 kleines Stück frischer Meerrettich
　(ca. 5 cm; ersatzweise 1 EL Sahne-
　meerrettich aus dem Glas)
1 EL Zitronensaft | 150 g Crème fraîche
1/2 Bund Schnittlauch
Salz | Pfeffer

1　Kartoffeln, Rote Beten und Möhren schälen und in grobe Würfel schneiden. Die Zwiebel schälen und in Streifen schneiden. In einem Topf Öl erhitzen, die Zwiebeln darin glasig andünsten. Rote Beten, Gemüsebrühe, Lorbeer und Piment hinzufügen. Alles aufkochen und zugedeckt 20 Min. kochen lassen. Kartoffeln und Möhren hinzufügen und alles weitere 20–25 Min. sanft kochen lassen.

2　Frischen Meerrettich schälen, fein abreiben und mit Zitronensaft und Crème fraîche vermischen. Den Schnittlauch in Röllchen schneiden. Die Suppe mit Salz und Pfeffer abschmecken, mit der Meerrettich-Crème-fraîche krönen und mit Schnittlauchröllchen bestreut servieren.

Variante: Cremige Rote-Bete-Suppe

Für 4 Personen | 1 große Zwiebel schälen und würfeln. 200 g Kartoffeln und 500 g Rote Beten schälen und grob würfeln. 2 EL Butter in einem Topf erhitzen, Zwiebelwürfel darin glasig dünsten. Die Rote-Bete- und Kartoffelwürfel hinzufügen und 1 Min. mitdünsten. Dann 1,2 l Gemüsebrühe (Instant) zugießen, 5 Pimentkörner, 2 Gewürznelken und 1 Lorbeerblatt hinzufügen und alles aufkochen. Zugedeckt bei kleiner Hitze ca. 45 Min. sanft kochen lassen. Die Gewürze herausfischen, die Suppe pürieren und durch ein Sieb geben. 100 g Sahne oder Sojasahne dazugeben und aufkochen. Die Suppe mit Salz und Pfeffer abschmecken und mit 3 TL Majoranblättchen bestreut servieren.

Salat-Variante: Gebackener Rote-Bete-Kartoffel-Salat

Für 4 Personen | Den Backofen auf 225° (Umluft 200°) vorheizen. 750 g möglichst kleine Rote Beten schälen und in Spalten schneiden. 500 g Kartoffeln gründlich säubern und ungeschält in Spalten schneiden. Beides auf ein Backblech geben und 4 EL Olivenöl darüberträufeln. Mit 1 TL Salz und etwas Pfeffer würzen. Im heißen Ofen (Mitte) in 35–40 Min. knusprig backen, zwischendurch 2–3 Mal wenden. Inzwischen 1 geh. EL milden Honig mit 3 EL Aceto balsamico bianco, etwas Salz und Pfeffer und weiteren 2–3 EL Olivenöl verrühren. Blech aus dem Ofen nehmen. Das Gemüse in eine Schüssel füllen, mit der Sauce beträufeln und 10 Min. marinieren. Den Salat mit 2 EL Schnittlauchröllchen bestreut am besten noch lauwarm servieren.

Zwiebelkuchen mit Walnüssen

Fein! | *Zubereitung: ca. 50 Min.* | *Kühlen: ca. 30 Min.* | *Backen: ca. 40 Min.* | *Bei 4 Stücken pro Stück: ca. 685 kcal*

Für 1 Tarteform (28–30 cm Ø)

Für den Teig:

250 g Mehl (+ Mehl für die Arbeitsfläche)
100 g kalte Butter | Salz

Für den Belag:

750 g Zwiebeln | 2 EL Öl |
2 TL getrockneter Thymian
40 g Walnusskerne | 3 Eier (Größe M)
300 g saure Sahne
Salz | Pfeffer

Außerdem:

Fett für die Form | Backpapier und
getrocknete Hülsenfrüchte zum Vorbacken

1 Für den Teig das Mehl mit der kalten Butter in Flöckchen, 1/2 TL Salz und ca. 4 EL kaltem Wasser rasch mit den Händen zu einem glatten Teig verkneten. Teig in Folie wickeln und 30 Min. kühl stellen.

2 Ofen auf 200° (Umluft 180°) vorheizen. Den Teig auf bemehlter Arbeitsfläche etwas größer als die Form ausrollen. Teig in die gefettete Form legen, dabei einen kleinen Rand formen. Teigboden mit einer Gabel mehrmals einstechen, mit Backpapier belegen und mit getrockneten Hülsenfrüchten beschweren. Im Backofen (unten) 15–20 Min. vorbacken, dann aus dem Ofen nehmen. Backpapier samt Hülsenfrüchten entfernen.

3 Während der Vorbackzeit für den Belag die Zwiebeln schälen und in Ringe schneiden. Öl in einer Pfanne erhitzen, Zwiebelringe darin bei kleiner Hitze 10–12 Min. andünsten, dabei zwischendurch umrühren. Thymian unterrühren und alles leicht salzen und pfeffern. Walnusskerne grob hacken.

4 Eier und saure Sahne verquirlen und mit Salz und Pfeffer herzhaft abschmecken. Zwiebelmasse auf dem vorgebackenen Teigboden verteilen, dann die Eier-Sahne-Mischung darübergießen. Mit den Walnüssen bestreuen. Zwiebelkuchen im heißen Ofen (Mitte) weitere 35–40 Min. backen.

Sauerkrautquiche mit Äpfeln

Für 4–6 Personen | Den Teig wie oben beschrieben zubereiten, kühlen und in einer Tarteform (28–30 cm Ø) vorbacken. Für den Belag **400 g Sauerkraut** gut abtropfen lassen. **3 Eier (Größe M)**, **150 g Sahne** und **150 g Naturjoghurt** verquirlen, mit **Salz, Pfeffer, 1 Prise frisch geriebenem Muskat** und **1 TL Anissamen** würzen. **2 kleine, rotbackige Äpfel** waschen, trocken reiben, vierteln, entkernen und in Spalten schneiden. Das Sauerkraut und die Äpfel auf dem vorgebackenen Teigboden verteilen und den Guss darübergießen. Mit **100 g geriebenem Greyerzer oder Emmentaler** bestreuen. Im heißen Ofen (Mitte) bei gleicher Temperatur in 35–40 Min. fertig backen.

Knuspergemüse mit Linsendip

Asia-Snack | *Zubereitung: ca. 1 Std. 30 Min.* | *Pro Portion: ca. 670 kcal*

Für 4 Personen

Für den Linsendip:

1 Zwiebel | 1 EL Öl
2 TL gemahlener Koriander
1 TL gemahlener Kreuzkümmel
1 EL Tomatenmark
125 g rote Linsen
ca. 300 ml Gemüsebrühe
  (Instant)
Salz | 1/2 TL Cayennepfeffer

Für das Gemüse:

2 TL Koriandersamen
200 g Kichererbsenmehl
1 Msp. Backpulver
2 TL Öl | Salz
2 Prisen Cayennepfeffer
1 TL Zucker
1 kg gemischtes Gemüse
  (z. B. je 200 g Süßkartoffel,
  Topinambur, Rote Beten,
  Rosenkohl und Blumenkohl)
4 EL Teriyakisauce
4 EL Ketjap manis (süßliche
  Sojasauce)
200 g Tofu (natur)
1 l Öl zum Frittieren

1 Für den Linsendip Zwiebel schälen, klein würfeln und im heißen Öl glasig dünsten. Koriander, Kreuzkümmel, Tomatenmark, Linsen und Gemüsebrühe dazugeben. Alles aufkochen und bei kleiner Hitze 15–20 Min. sanft kochen lassen, bis die Linsen weich sind. 1 EL Linsen herausnehmen und beiseitestellen. Restliche Linsen in ein Sieb abgießen, dabei die Flüssigkeit auffangen.

2 Die Linsen mit dem Pürierstab pürieren, dabei soviel Kochflüssigkeit dazugießen, dass der Dip cremig wird. Den Dip mit Salz, Cayennepfeffer, Koriander und Kreuzkümmel abschmecken, mit den beiseitegestellten Linsen bestreuen.

3 Für den Ausbackteig Koriandersamen grob mörsern. Kichererbsenmehl, Backpulver, Öl, 1 1/2 TL Salz, Cayennepfeffer und Zucker in eine Schüssel geben. Mit dem Schneebesen ca. 300 ml kaltes Wasser gründlich unterrühren, bis ein dünnflüssiger Teig entsteht. Den Teig ca. 20 Min. quellen lassen.

4 Inzwischen Gemüse putzen und – falls nötig – schälen. Gemüse in mundgerechte Stücke schneiden (Süßkartoffel, Topinambur, Rote Beten) oder in kleine Röschen teilen (Rosenkohl, Blumenkohl). Teriyakisauce und Ketjap manis verrühren. Tofu in ca. 1 cm dicke Scheiben schneiden, Scheiben halbieren und in der Sauce marinieren.

5 Zum Frittieren das Öl in einem hohen Topf erhitzen. Die Temperatur ist richtig, wenn an einem eingetauchten Holzspieß Bläschen aufsteigen. Tofu aus der Marinade nehmen und abtropfen lassen. Gemüse und Tofuscheiben portionsweise durch den Teig ziehen. Im heißen Öl portionsweise in 2–4 Min. goldgelb frittieren. Jeweils herausnehmen und auf Küchenpapier abtropfen lassen. So fortfahren, bis alles frittiert ist (falls nötig, Gemüse und Tofuscheiben im Ofen bei 100° warm halten). Den Linsendip dazu reichen.

Steckrübenschnitzel mit Birnen-Chutney

würzige Aromaküche | *Zubereitung: ca. 1 Std. 30 Min.* | *Pro Portion: ca. 690 kcal*

Für 4 Personen

Für das Chutney:

100 g Möhren
150 g rote Zwiebeln
400 g reife Birnen
100 g getrocknete Datteln
je 1 TL Koriander-, Fenchel-
  und Senfsamen
1 Sternanis
1 kleine rote Chilischote
150 g brauner Zucker
100 g Apfelessig | Salz

Für die Steckrübenschnitzel:

Salz | 600 g Steckrübe
3–4 Zweige glatte Petersilie
2 EL Walnusskerne
3 EL Semmelbrösel
2 EL frisch geriebener Parmesan
Mehl zum Panieren
2 Eier (Größe M) | Pfeffer
6–8 EL Öl zum Braten

1 Für das Chutney Möhren schälen und grob raspeln. Zwiebeln schälen und in Spalten schneiden. Birnen schälen, vierteln, entkernen, die Viertel in 3–4 Stücke schneiden. Datteln halbieren. Möhren, Zwiebeln, Birnen und Datteln mit den restlichen Zutaten und 1/4 TL Salz in einem großen Topf zugedeckt aufkochen. Sobald die Mischung kocht, die Hitze reduzieren. Alles 45–50 Min. kochen lassen, ab und zu umrühren, gegen Ende der Garzeit öfter. Das Chutney ist fertig, wenn es dicklich-sämig ist. Chutney abkühlen lassen.

2 Inzwischen für die Steckrübenschnitzel in einem Topf Salzwasser aufkochen. Steckrübe in ca. 1 1/2 cm dicke Scheiben schneiden, dann schälen. Die Scheiben im kochenden Wasser in 8–10 Min. bissfest garen, herausnehmen und auf einem Sieb gut abtropfen lassen. Scheiben nach Belieben halbieren oder vierteln. Petersilie waschen und trocken schütteln, die Blättchen fein hacken.

3 Zum Panieren die Nüsse klein hacken, mit Petersilie, Semmelbröseln und Parmesan mischen und auf einen Teller geben. Etwas Mehl auf einen zweiten Teller schütten, Eier in einem dritten Teller verquirlen. Steckrübenstücke salzen und pfeffern. Zuerst in Mehl wenden, danach in den Eiern und zuletzt in der Nussmischung. Das Öl in einer Pfanne erhitzen, panierte Steckrüben darin von beiden Seiten je in ca. 1 Min. goldgelb anbraten. Auf Küchenpapier abtropfen lassen. Chutney dazu reichen.

Clever genießen

Statt Chutney passt zu den Steckrübenschnitzeln auch bestens ein **fix zubereitetes Möhrengemüse:** Dafür 600 g Möhren schälen und in Scheiben schneiden. 1/4 l Gemüsebrühe (Instant), 150 ml Orangensaft, 1 Lorbeerblatt und 1 TL Fenchelsamen aufkochen, Möhrenscheiben hineingeben und zugedeckt 5 Min. dünsten. Dann die Möhren offen in 2–4 Min. bissfest kochen. Mit Salz und Pfeffer abschmecken.

Clever aufbewahren

Das **Chutney hält sich,** im Kühlschrank aufbewahrt, mindestens 4 Wochen.

Ofenschlupfer

mit Vanilleschaumsauce

Süßes satt! | *Zubereitung: ca. 40 Min.* | *Backen: ca. 30 Min.* | *Pro Portion: ca. 685 kcal*

Für 4 Personen

Für den Ofenschlupfer:

100 g gemischte Trockenfrüchte
1–2 EL Rum oder Apfelsaft
2 Brötchen vom Vortag
   (oder ca. 100 g altbackener
   Hefezopf oder Brioche)
1 große Birne
1 Vanilleschote
100 g Sahne
100 ml Milch
3 Eier (Größe M)
40 g Zucker
1 EL Mandelblättchen
Puderzucker zum Bestreuen

Für den Vanilleschaum:

1/2 l Milch
4 Eigelbe
1 geh. EL Speisestärke oder
   Vanillepuddingpulver
2 EL Zucker
100 g Sahne

Außerdem:

Fett für die Form

1 Backofen auf 200° (Umluft 180 °) vorheizen. Eine Auflauf-form (ca. 20 cm Länge) einfetten. Trockenfrüchte etwas klei-ner schneiden und in Rum oder Apfelsaft einweichen.

2 Die Brötchen in dünne Scheiben schneiden. Die Birne waschen und abtrocknen, dann vierteln und entkernen. Die Viertel in Spalten schneiden. Vanilleschote der Länge nach aufschlitzen und das Mark herauskratzen, die Hälfte des Vanillemarks für die Sauce beiseitestellen. Sahne, Milch, Eier, Vanillemark und Zucker verquirlen.

3 Brötchenscheiben, Birne und Trockenfrüchte vermischen, in die Auflaufform geben und mit der Eiersahne begießen. Alles mit Mandelblättchen bestreuen. Im Backofen (Mitte) 25–30 Min. backen, dabei zwischendurch, falls nötig, mit Alufolie abdecken.

4 Inzwischen für den Vanilleschaum 3 EL Milch mit Eigelben und Stärke oder Puddingpulver glatt rühren. Beiseite-gestelltes Vanillemark, ausgekratzte Vanilleschote, Zucker und restliche Milch aufkochen. Mit einem Schneebesen die angerührte Stärke-Mischung in die kochende Milch-Mischung einrühren, einmal unter Rühren aufkochen, dann abkühlen lassen. Vanilleschote herausnehmen.

5 Die Sahne steif schlagen. Sauce mit dem Pürierstab schau-mig schlagen, Sahne unterheben. Ofenschlupfer mit Puder-zucker bestreuen und mit der Sauce servieren.

Clever variieren

Statt in einer großen Form können Sie den süßen Auflauf auch in ofenfesten kleinen Förmchen oder Ringen backen. Die Backzeit verringert sich dann auf ca. 20 Min.

Schokocreme
mit Kumquat-Ragout

zum Verwöhnen | *Zubereitung: ca. 35 Min.* | *Garen: ca. 30 Min.* | *Pro Portion: ca. 425 kcal*

Für 4 Personen

Für die Schokoladencreme:

200 ml Milch
100 g Sahne
100 g Bitter-Schokolade
   (mind. 70 % Kakao)
3 Eigelbe
2 EL Zucker

Für das Kumquat-Ragout:

150 g Kumquats
1 kleines Stück frischer
   Ingwer (1–2 cm)
40 g Zucker
200 ml Orangensaft
1–2 EL Orangenlikör
   nach Belieben

Clever variieren

Und so wird aus der Schokoladencreme eine **Schoko-Crème-brûlée:**
Die Creme gut kühlen, am besten
für 20 Min. in den Tiefkühler
stellen. Kurz vorm Servieren je
1–2 TL braunen Zucker auf die
Creme streuen. Mit dem Brûlierer
10–20 Sek. überflämmen, bis der
Zucker zu goldgelbem Karamell
geschmolzen ist. Sofort servieren!

1 Den Backofen auf 160° (Umluft 140°) vorheizen. Milch
und Sahne in einem kleinen Topf erhitzen. Die Schokolade
hacken und in der warmen Milch-Sahne-Mischung unter
Rühren schmelzen. Eigelbe und Zucker in einer Schüssel
cremig schlagen. Die heiße Schokoladensahne unter Rühren
nach und nach dazugießen.

2 Vier ofenfeste Portions-Auflaufförmchen oder hitzebestän-
dige Tassen in die Fettpfanne des Backofens oder einen großen Topf stellen. So viel heißes Wasser angießen, dass die
Förmchen zu zwei Dritteln ihrer Höhe im Wasser stehen.
Die Schokoladenmischung in die Förmchen gießen. Topf
oder Fettpfanne in den heißen Ofen (Mitte) schieben und
die Schokoladencreme 30 Min. stocken lassen. Die Förmchen herausnehmen und abkühlen lassen.

3 Inzwischen für das Kumquat-Ragout die Früchte waschen
und mit einer Nadel oder einem Metallspieß mehrmals
einstechen. In kochendem Wasser 30 Sek. blanchieren, in
ein Sieb abgießen, kalt abschrecken und abtropfen lassen.
Die Früchte vierteln, dabei die Kerne entfernen.

4 Ingwer schälen und sehr klein würfeln. Zucker in einem
Topf hellbraun karamellisieren lassen und mit Orangensaft
ablöschen. Den Ingwer dazugeben und alles aufkochen.
Kumquats dazugeben und die Flüssigkeit offen 5 Min. bei
mittlerer Hitze einkochen lassen. Ragout nach Belieben mit
Orangenlikör abschmecken. Das Kumquat-Ragout mit der
Schokocreme in den Förmchen anrichten.

Saisonkalender für Gemüse und Früchte

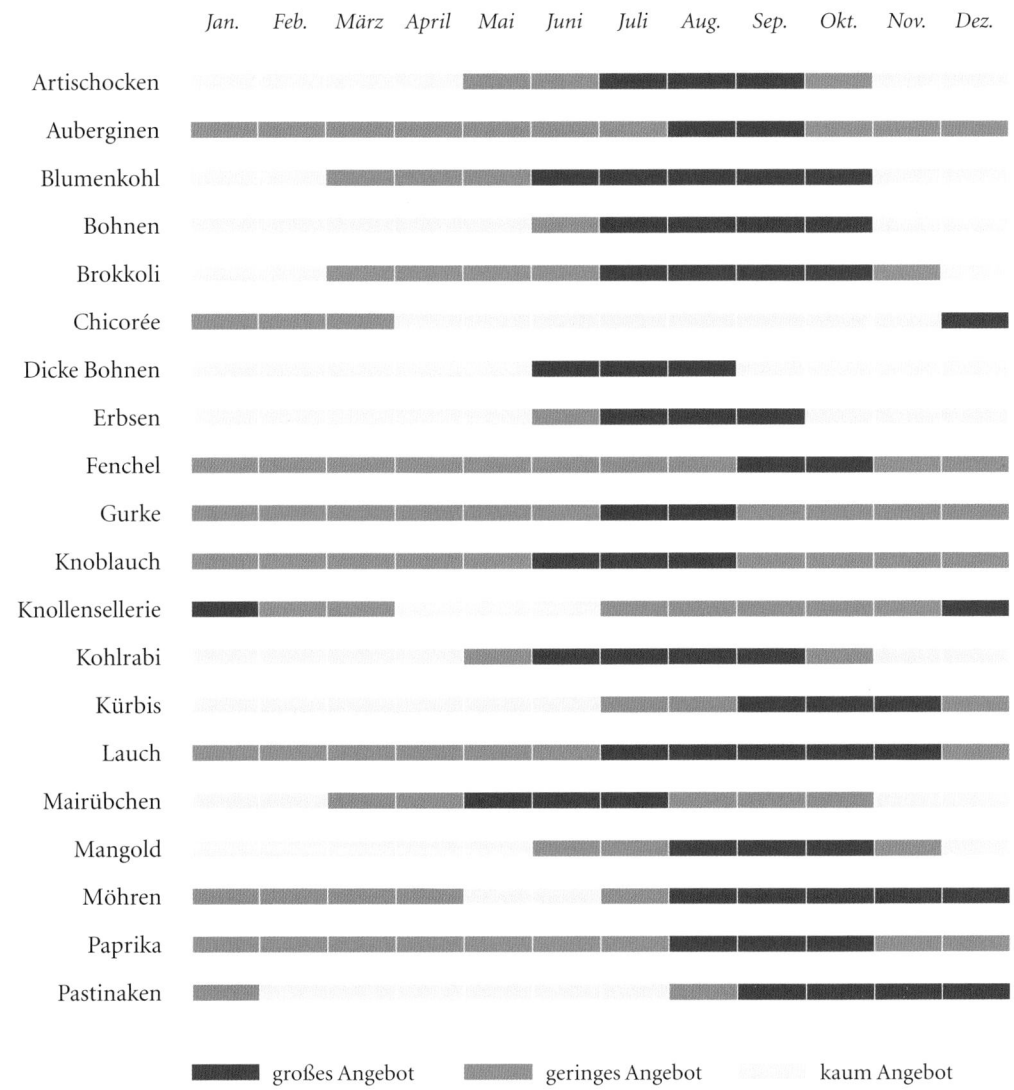

	Jan.	Feb.	März	April	Mai	Juni	Juli	Aug.	Sep.	Okt.	Nov.	Dez.
Artischocken												
Auberginen												
Blumenkohl												
Bohnen												
Brokkoli												
Chicorée												
Dicke Bohnen												
Erbsen												
Fenchel												
Gurke												
Knoblauch												
Knollensellerie												
Kohlrabi												
Kürbis												
Lauch												
Mairübchen												
Mangold												
Möhren												
Paprika												
Pastinaken												

großes Angebot   geringes Angebot   kaum Angebot

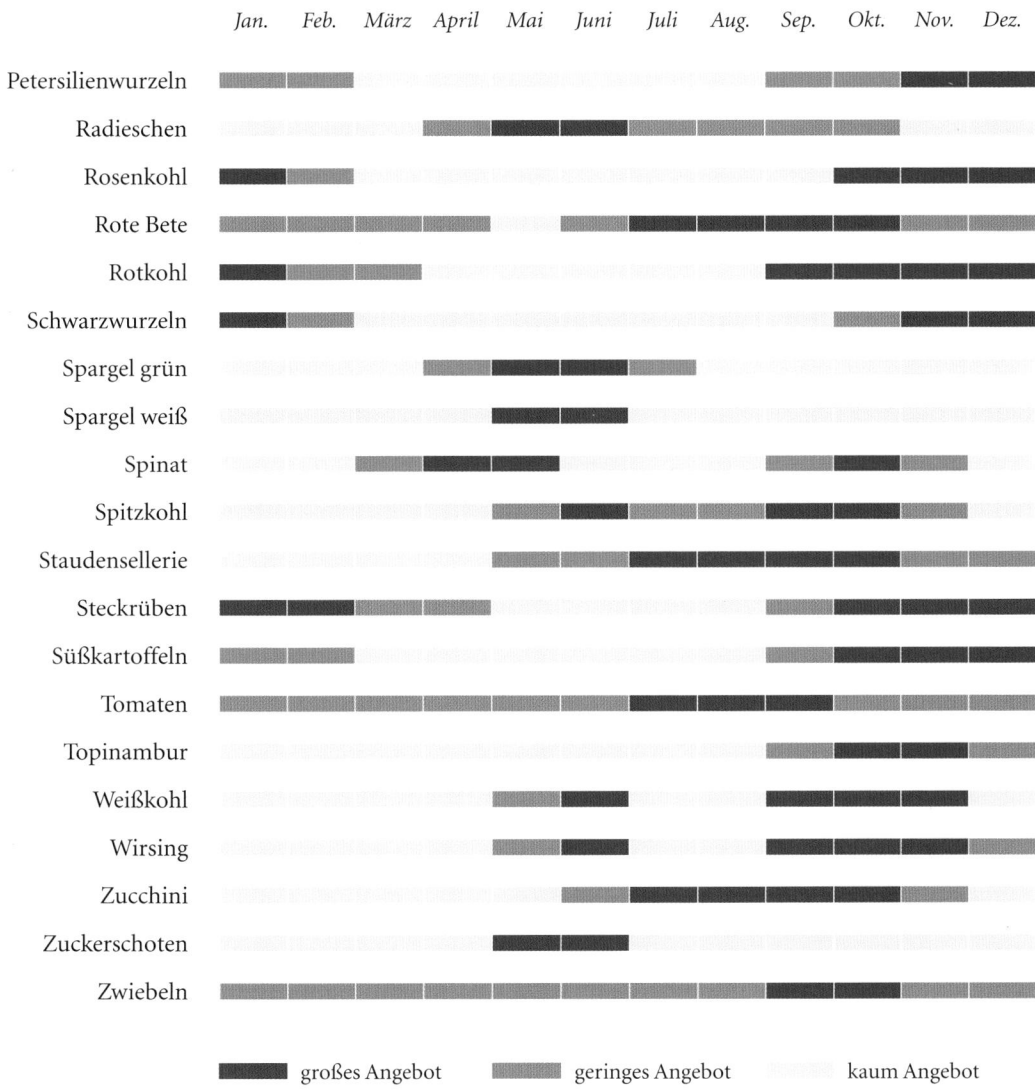

	Jan.	Feb.	März	April	Mai	Juni	Juli	Aug.	Sep.	Okt.	Nov.	Dez.

Petersilienwurzeln
Radieschen
Rosenkohl
Rote Bete
Rotkohl
Schwarzwurzeln
Spargel grün
Spargel weiß
Spinat
Spitzkohl
Staudensellerie
Steckrüben
Süßkartoffeln
Tomaten
Topinambur
Weißkohl
Wirsing
Zucchini
Zuckerschoten
Zwiebeln

■ großes Angebot   ▨ geringes Angebot   kaum Angebot

Unsere Garantie

Mit dem Kauf dieses Buches haben Sie sich für ein Qualitätsprodukt entschieden. Wir haben alle Informationen in diesem Ratgeber sorgfältig und gewissenhaft geprüft. Sollte Ihnen dennoch ein Fehler auffallen, bitten wir Sie, uns das Buch mit dem entsprechenden Hinweis zurückzusenden. Gerne tauschen wir Ihnen den GU-Ratgeber gegen einen anderen zum gleichen oder zu einem ähnlichen Thema um.

Liebe Leserin und lieber Leser,

wir freuen uns, dass Sie sich für ein GU-Buch entschieden haben. Mit Ihrem Kauf setzen Sie auf die Qualität, Kompetenz und Aktualität unserer Ratgeber. Dafür sagen wir Danke! Wir wollen als führender Ratgeberverlag noch besser werden. Daher ist uns Ihre Meinung wichtig. Bitte senden Sie uns Ihre Anregungen, Ihre Kritik oder Ihr Lob zu unseren Büchern. Haben Sie Fragen oder benötigen Sie weiteren Rat zum Thema? Wir freuen uns auf Ihre Nachricht!

GRÄFE UND UNZER VERLAG
Leserservice
Postfach 86 03 13
81630 München

Wir sind für Sie da!
Montag–Donnerstag: 8.00 – 18.00 Uhr
Freitag: 8.00 – 16.00 Uhr
Tel.: 08 00/7 23 73 33
Fax: 08 00/5 01 20 54
(kostenlose Servicenummern)
E-Mail: leserservice@graefe-und-unzer.de

Neugierig auf GU?
Jetzt die GU Newsletter abonnieren.

Wollen Sie noch mehr Aktuelles von GU erfahren, dann abonnieren Sie unseren kostenlosen GU-Online-Newsletter. Hier ganz einfach anmelden: www.gu.de/anmeldung

GRÄFE UND UNZER

Ein Unternehmen der
GANSKE VERLAGSGRUPPE

Appetit auf mehr?

Die Autorin

Anne-Katrin Weber veröffentlichte bereits zahlreiche Koch- und Backbücher – darunter auch den Bestseller »Kleine Kuchen«. In diesem Buch stellt sie Ihnen ihre vegetarischen Lieblingsrezepte vor. Die gelernte Köchin und studierte Ernährungswissenschaftlerin arbeitet auch als Foodstylistin für renommierte Zeitschriften, PR und Werbung. Dabei setzt sie ihre Rezepte stilsicher und natürlich um. Weitere Arbeiten von ihr sind unter www.annekatrinweber.de zu sehen.

Der Fotograf

Wolfgang Schardt kann seine Liebe für Essen und Trinken beruflich ausleben: In seinem Studio in Hamburg fotografiert er vor allem Food, Stills und Interieur für Magazine wie DER FEINSCHMECKER, für Verlage und Werbung. Bei den Aufnahmen für dieses Buch wurde er unterstützt von Autorin **Anne-Katrin Weber,** die für das Foodstyling verantwortlich war, und von **Anke Politt** (Assistenz).

Bildnachweis
Titelbild: Klaus-Maria Einwanger; alle anderen: Wolfgang Schardt

Projektleitung: Alessandra Redies

Lektorat: Susanne Bodensteiner

Korrektorat: Stefanie Hoyer

Innenlayout, Typographie und Umschlaggestaltung:
independent Medien-Design, Horst Moser, München

Satz: Knipping Werbung GmbH, Berg/Starnberg

Herstellung: Petra Roth

Reproduktion: Longo AG, Bozen

 www.facebook.com/gu.verlag

Druck und Bindung: Printer Trento, Trient

ISBN 978-3-8338-1438-9
5. Auflage 2013

Syndication:
www.jalag-syndication.de

Ein Unternehmen der
GANSKE VERLAGSGRUPPE